Stefanie Pipus

Faktoren für ein erfolgreiches Rückkehrgespräch

GRIN Verlag

Bibliografische Information der Deutschen Nationalbibliothek:

Die Deutsche Bibliothek verzeichnet diese Publikation in der Deutschen National-
bibliografie; detaillierte bibliografische Daten sind im Internet über http://dnb.d-
nb.de/ abrufbar.

Impressum:

Copyright © 2012 GRIN Verlag GmbH
Druck und Bindung: Books on Demand GmbH, Norderstedt Germany
ISBN: 978-3-656-51726-9

GRIN - Your knowledge has value

Der GRIN Verlag publiziert seit 1998 wissenschaftliche Arbeiten von Studenten, Hochschullehrern und anderen Akademikern als eBook und gedrucktes Buch. Die Verlagswebsite www.grin.com ist die ideale Plattform zur Veröffentlichung von Hausarbeiten, Abschlussarbeiten, wissenschaftlichen Aufsätzen, Dissertationen und Fachbüchern.

Besuchen Sie uns im Internet:

http://www.grin.com/

http://www.facebook.com/grincom

http://www.twitter.com/grin_com

Faktoren für ein erfolgreiches Rückkehrgespräch

Hausarbeit

Im Rahmen des Fernstudienganges „Betriebswirtschaftslehre"

mit dem Abschluss „Diplom Betriebswirtin"

an der PRIVATEN FACHHOCHSCHULE GÖTTINGEN

vorgelegt am:
von: Stefanie Pipus

Inhaltsverzeichnis

Abbildungsverzeichnis

Tabellenverzeichnis

Abkürzungsverzeichnis

Aufl.	Auflage
Bd.	Band
bzw.	beziehungsweise
etc.	et cetera (und so weiter)
dtv	Deutscher Taschenbuchverlag
ggf.	gegebenenfalls
Hrsg.	Herausgeber
o. ä.	Oder ähnliche(s), oder
o. V.	Ohne Verfasserangabe
S.	Seite
u.a.	unter anderem; unter anderen
Vgl.	Vergleiche
z.B.	zum Beispiel

1. Einleitung

Das Thema Fehlzeiten und damit verbundene Rückkehrgespräche als Maßnahme der Personalentwicklung hat in der Praxis an Aktualität nicht verloren, vor allem weil sie sich in den Betrieben einer hohen Beliebtheit erfreut und von der berichtet wird, dass sie sich positiv auf Kranken- und Gesundheitszustände und dabei besonders auf die sogenannten motivationsbedingten Fehlzeiten auswirkt.[1]

Trotz vielfältiger positiver Rückmeldungen aus der betrieblichen Praxis, ist es unklar, auf welche Weise Rückkehrgespräche wirken und welche Faktoren zum Erfolg dieser Gespräche beitragen. Abbildung 1 zeigt die Anzahl der geführten Gespräche im Jahr 2011 bei der Stadtverwaltung Ingolstadt und den Anteil an erfolgreich verlaufenden Gesprächen. Der Erfolg definiert den Verzicht auf Einschaltung anderer Instanzen, Reduzierung oder Wegfall weiterer Fehlzeiten und Durchführung nächster vorgesehener Gesprächsstufe.[2]

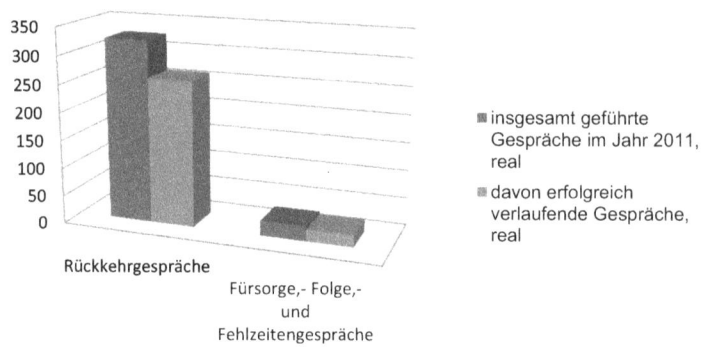

Abbildung 1: Rückkehrgespräche im Jahr 2011 bei der Stadtverwaltung Ingolstadt[3]

In der betrieblichen Praxis fördert das Rückkehrgespräch einen offenen und vertrauensvollen Dialog zwischen dem Mitarbeiter / der Mitarbeiterin und Führungskraft und spiegelt den persönlichen Beitrag am Gesamterfolg. Es ist ein unverzichtbarer Bestandteil der Personalentwicklung und von wesentlicher Bedeutung für die Motivation und erfolgreiche Aufgabenerfüllung der Mitarbeiter. Gerade in Gesprächen mit Mitarbeitern, bei denen die Vermutung oder sogar Vorurteil besteht, dass sich keine wirkliche Krankheit hinter der durch eine Arbeitsunfähigkeitsbescheinigung nachgewiesenen Abwesenheit verbirgt, ist viel Finderspitzengefühl erforderlich.

---

[1] Vgl. http:// www.manager-magazin.de/koepfe/karriere/0,2828,355227,00.html.

[2] Quelle: Stadt Ingolstadt, Personalamt.

[3] Quelle: Stadt Ingolstadt, Personalamt.

Oft werden wir gefragt: Wie können wir feststellen, ob Rückkehrgespräche gut geführt werden und welche Faktoren zum Erfolg beitragen? Die Statistik aus der Abbildung 1 verrät zwar nicht, wie viele Mitarbeiter im Jahr 2011 insgesamt beschäftigt waren, es ist jedoch ersichtlich, dass Rückkehrgespräche intensiv geführt wurden und ca. 80 % davon erfolgreich verlaufen sind, so dass Reduktion der Fehlzeiten erreicht werden konnte.

In dieser Arbeit werden Faktoren, die zum Erfolg der Rückkehrgespräche in den einzelnen Gesprächsstufen beitragen, untersucht und Chancen und Risiken von Rückkehrgesprächen aufgezeigt.

2. Grundlegendes zum Rückkehrgespräch

2.1 Definition und wesentliche Merkmale des Rückkehrgespräches

Der Begriff Rückkehrgespräch[4] wird in der Literatur und in der Praxis nicht konsequent einheitlich verwendet. Es existieren unterschiedliche Begriffe: neben der gängigen Bezeichnung Rückkehrgespräch oder Fehlzeitengespräch[5] wird auch der Begriff Mitarbeitergespräch verwendet.[6]

Das Rückkehrgespräch gehört zu Instrumenten der Personalentwicklung und ist eine originäre Aufgabe der Führungskräfte.[7] Das Gespräch wird nach einer Abwesenheit, unerheblich ob nach einem Tag oder nach vier Wochen, vor der jeweiligen direkten Führungskraft, unmittelbar nach der Rückkehr mit der Person geführt, die aus einer Abwesenheit zurückkehrt. Das Rückkehrgespräch enthält vier wesentliche Merkmale:[8]

1. Die direkte Führungskraft lädt zum Gespräch ein und führt dieses
1. Das Gespräch findet möglichst unmittelbar nach der Rückkehr
    des Mitarbeiters statt
2. Das Rückkehrgespräch wird mit jeder Person geführt
3. Die Person kehrt aus der Abwesenheit zurück.

Die direkte Führungskraft kennt seine Mitarbeiter am besten und hat bereits ein Vertrauensverhältnis zu ihnen aufgebaut. Sie trägt die Verantwortung für seine Mitarbeiter und stärkt durch die Gespräche seine Führungsposition. Im Gespräch ist das notwendige Fingerspitzengefühl erforderlich, um die wirklichen Ursachen für teils

---

[4] Vgl. Vieth, P. (Das Rückkehrgespräch), S. 52.

[5] Vgl. Braig, W., Wille, R. (Mitarbeitergespräche: Gesprächsführung aus der Praxis für die Praxis), S. 99.

[6] Vgl. Hossiep, R., Esther Bittner, J. und Berndt, W. (Mitarbeitergespräche), S. 4.

[7] Vgl. Vieth, P. (Das Rückkehrgespräch), S. 17.

[8] Vgl. Bitzer, B. (Arbeitshefte Führungspsychologie, Band 31), S. 35.

krankheitsbedingte Abwesenheiten zu erfahren. Führt z.B. die Personalleitung das Gespräch nach einer krankheitsbedingten Fehlzeit, entsteht kein offenes Gesprächsklima, das bei einem Rückkehrgespräch zu erwarten wäre und es würde sich nicht um ein Rückkehrgespräch, sondern um ein Krankengespräch, das zum Teil auch mitbestimmungspflichtig wäre, handeln.[9]

Wichtig ist es, dass die Abwesenheit des Mitarbeiters / der Mitarbeiterin möglichst wahr- und ernst genommen wird. Es ist vorgesehen, dass das Gespräch am ersten Tag der Arbeitsaufnahme erfolgt. Die Ausnahmen sind ungeplante Abwesenheit des Vorgesetzten oder die Führungskraft befindet sich nicht in der besten Verfassung und verschiebt das Gespräch, um das Gesprächsziel auch sicher zu erreichen.[10]

In der betrieblichen Praxis wird das Rückkehrgespräch nur mit Mitarbeitern mit hohen Fehlzeiten gefordert. Infolgedessen bekommt das Rückkehrgespräch bei den Mitarbeitern einen negativen Charakter. Die Mitarbeiter mit geringeren oder gar keinen Fehlzeiten fühlen sich dadurch teils benachteiligt.[11]

Die Mitarbeiter erkennen durch das Rückkehrgespräch, dass die Abwesenheit wahrgenommen wurde und dass der Mensch vermisst wurde und nicht nur die mit ihm verbundene Arbeitskraft. Dadurch erfährt er konkret, dass sich der Vorgesetzte um ihn kümmert.[12]

Die Rückkehrgespräche werden auch mit Mitarbeitern geführt, die aus dem Urlaub, der Elternzeit oder Dienstreisen zurückkehren. [13] Die Begriffe Rückkehr [14] und Abwesenheit[15] sind deshalb zunächst neutral und nicht mitbestimmungspflichtig. Auch bei einer eintägigen Abwesenheit, z.B. aus einem privaten Anlass, ist es sinnvoll ein Rückkehrgespräch zu führen. Das Gespräch muss aber nicht unter vier Augen stattfinden, die Führungskraft kann durch den nach oben gerichteten Daumen signalisieren, dass die Rückkehr aus der Abwesenheit bemerkt wurde und sie sich auf das Wiedersehen freut. In diesem Fall wird das Gespräch bereits als Rückkehrgespräch bezeichnet.[16]

Im Gespräch informiert die Führungskraft sachlich in einer positiven Gesprächsatmosphäre den Mitarbeiter darüber, was sich im Betrieb offiziell und

---

[9] Vgl. Bitzer, B. (Arbeitshefte Führungspsychologie, Band 31), S. 36.

[10] Vgl. Bitzer, B. (Arbeitshefte Führungspsychologie, Band 31), S. 36.

[11] Vgl. Hossiep, R., Esther Bittner, J. und Berndt, W. (Mitarbeitergespräche), S. 69.

[12] Vgl. Bitzer, B. (Arbeitshefte Führungspsychologie, Band 31), S. 36.

[13] Vgl. Braig, W., Wille, R. (Mitarbeitergespräche: Gesprächsführung aus der Praxis für die Praxis), S. 91.

[14] Vgl. Braig, W., Wille, R. (Mitarbeitergespräche: Gesprächsführung aus der Praxis für die Praxis), S. 92.

[15] Vgl. Bitzer, B. (Arbeitshefte Führungspsychologie, Band 31), S. 37.

[16] Vgl. Braig, W., Wille, R. (Mitarbeitergespräche: Gesprächsführung aus der Praxis für die Praxis), S. 91.

inoffiziell während seiner Abwesenheit ereignet hat. Bei krankheitsbedingten Abwesenheit wird die Führungskraft versuchen die Ursachen für die Fehlzeiten in Erfahrung zu bringen und geeignete Maßnahmen zum Abbau von Fehlzeiten vorschlagen.[17]

Abbildung 2: Überblick Rückkehrgespräch[18]

2.2. Rechtliche Rahmenbedingungen

Die Durchführung von Rückkehrgesprächen ist nicht ohne einen rechtlichen Charakter. Seit der Entscheidung des Bundesarbeitsgerichtes vom 08.11.1994 [19] hat der Arbeitgeber bei formalen Gesprächen nach Fehlzeiten mit nach bestimmten festgesetzten Kriterien ermittelten Arbeitnehmern den Betriebsrat zu beteiligen.[20]

Bei dieser Vorgehensweise geht es dem Arbeitgeber hauptsächlich um die betriebliche Ordnung und weniger um die Arbeitsleistung des Arbeitnehmers. Es handelt sich um eine Maßnahme mit kollektivem Bezug und erfordert deshalb die Zustimmung des Betriebsrates. Die Beteiligung wird dazu genutzt werden, das Krankheitsgeheimnis des Arbeitnehmers zu schützen.[21]

Mit dem Betriebsrat wird eine Betriebsvereinbarung abgeschlossen, die nicht nur die

---

[17] Vgl. Bitzer, B. (Arbeitshefte Führungspsychologie, Band 31), S. 38.

[18] eigene Darstellung in Anlehnung an Bitzer, B., (Arbeitshefte Führungspsychologie, Band 31).

[19] Bundesarbeitsgericht, Beschluss vom 08.11.1994, Aktenzeichen 1 ABR 22/94.

[20] Vgl. Fitting, K., Engels, G., Schmidt, I., Trebinger, Y., Linsenmaier, W., Auffarth, F., (Betriebsverfassungsgesetz mit Wahlordnung, § 87 Abs. 1 Nr. 1), S. 1301.

[21] Vgl. Fitting, K., Engels, G., Schmidt, I., Trebinger, Y., Linsenmaier, W., Auffarth, F., (Betriebsverfassungsgesetz mit Wahlordnung, § 87 Abs. 1 Nr. 1), S. 1301.

Erfassung und Auswertung der Fehlzeiten, sondern auch die Maßnahmen zur Gesundheitsförderung umfasst.[22]

Die Betriebsvereinbarung beinhaltet die Ziele zur Stärkung des Gesundheitszustandes der Mitarbeiter, Bestimmung des Geltungsbereiches, Festlegung von gesundheitsfördernden Programmen und der Zuständigkeiten, Datenschutzbestimmungen, Festlegung der Rahmenbedingungen für Gespräche mit Mitarbeitern, die krankheitsbedingt gefehlt haben und die Sicherstellung der Eignung oder Schulung der Führungskräfte entsprechend der vereinbarten Grundsätzen.[23]

Im öffentlichen Dienst gelten die Bestimmungen sinngemäß für die Beteiligung des Personalrates.[24]

3. Bedeutsame Stufen von Rückkehrgesprächen und deren wesentliche Erfolgsfaktoren

3.1 Systematik der Gesprächsstufen

Durch Entwicklung eines Stufenplans für Rückkehrgespräche, einschließlich Gespräche nach Fehlzeiten wird versucht der Gefahr der Verwechselung entgegen zu wirken.[25]

Die Gespräche erfolgen nach einheitlichen Vorgaben, dies sichert die Vergleichbarkeit der Gespräche. Das Konzept besteht aus vier Gesprächsstufen, die abhängig von der Häufigkeit der Fehlzeiten innerhalb festgelegter Fristen zum Einsatz kommen.[26] Die genauere Festlegung der Fristen schließt eine willkürliche Entscheidung, ob ein Gespräch zu führen ist oder nicht aus. Festgesetzte Ausnahmen, für die die oben dargestellten Stufen unterbrochen werden sind: Krankheit während der Schwangerschaft, genehmigte Kuren, Krankheitszeiten nach einem Arbeitsunfall, Heilbehandlungen, Folgeoperationen o.ä.[27]

Folgende Stufen werden in dieser Arbeit unterschieden:[28]

---

[22] Vgl. Fitting, K., Engels, G., Schmidt, I., Trebinger, Y., Linsenmaier, W., Auffarth, F., (Betriebsverfassungsgesetz mit Wahlordnung, § 87 Abs. 1 Nr. 1), S. 1301.

[23] Vgl. Fitting, K., Engels, G., Schmidt, I., Trebinger, Y., Linsenmaier, W., Auffarth, F., (Betriebsverfassungsgesetz mit Wahlordnung, § 87 Abs. 1 Nr. 1), S. 1301.

[24] O. V., http://www.personalvertretungsgesetz.de/gesetze-personalvertretungsgesetz/index.html

[25] Vgl. Bitzer, B. (Arbeitshefte Führungspsychologie, Band 31), S. 49.

[26] Eigene Arbeit, Tabelle 1 (Gesprächsstufen), S. 6.

[27] Vgl. Bitzer, B. (Arbeitshefte Führungspsychologie, Band 31), S. 52.

[28] Eigene Arbeit, Tabelle 1 (Gesprächsstufen), S. 6.

Gesprächsart	Grund	Teilnehmer	Gesprächsziel
Grundsätzliche Rückkehrgespräche	Nach jeder Abwesenheit	Direkter Vorgesetzter Mitarbeiter	Motivation frühzeitiges Erkennen von Problemen Sicherung der Wiederaufnahme der Arbeit
Gespräche ersten Stufe zur Verbesserung der Gesund	Gem. § 84 Abs.2 SGB IX bei Abwesenheiten, die bei einer Person innerhalb eines Jahres länger als 6 Wochen ununterbrochen oder wiederholt auftreten	Direkter Vorgesetzter Mitarbeiter Betriebsrat Personalabteilung	Verdeutlichung von Folgen des Fehlens Gemeinsame Analyse Suche nach Lösungswegen Abschluss von Zielvereinbarungen Dokumentation
Gespräche zweiten Stufe nach Fehlzeiten	Wird vom Betrieb festgelegt z.b. spätestens nach weiteren x Fehlzeitenfällen oder y Arbeitstagen in z Monaten	Direkter Vorgesetzter Mitarbeiter Betriebsrat Personalabteilung	Problemanalyse Kontrolle der Zielvereinbarungen Konsequenzen aufzeigen neue Zielvereinbarungen Dokumentation
Gespräche dritten Stufe nach Fehlzeiten	Wird vom Betrieb festgelegt z.b. spätestens nach weiteren x Fehlzeitenfällen oder y Arbeitstagen in z Monaten	Direkter Vorgesetzter Mitarbeiter Betriebsrat Personalabteilung	Ziele werden vorgegeben Information über mögliche arbeitsrechtliche Konsequenzen Dokumentation

Tabelle 1: Gesprächsstufen[29]

Hintergrund ist die Erkenntnis, dass ein Rückkehrgespräch mit ein und derselben Person in relativ kurzen Zeitabständen nicht immer mehr oder weniger in der gleichen Form wiederholt werden kann, wenn z.b. als Fehlzeitenursachen von Mitarbeiterseite Gründe in der Arbeitssituation aufgeführt werden, die entweder von betrieblicher Seite nicht verändert werden, oder diese zwar verändert wurden, aber auf Seiten des Mitarbeiters keine Veränderungen sichtbar sind.[30] Dann erfolgt ein Gespräch, das nicht mehr als Rückkehrgespräch, sondern als Gespräch nach Fehlzeiten bezeichnet wird.[31]

Wichtig ist, dass auch diese fortgeschrittene Gesprächsstufe konstruktiv verläuft und nicht schon in dieser Stufe die gelbe Karte gezeigt und damit das zwischenmenschliche Verhältnis möglicherweise stark gestört wird.[32]

Das Rückkehrgespräch ist ein Beratungsgespräch bei Arbeitsaufnahme nach einer Abwesenheit.[33] Der Stufenplan zeigt, dass situationsgerechtes Verhalten in der

---

[29] eigene Darstellung in Anlehnung an Bitzer, B. (Arbeitshefte Führungspsychologie, Band 31).

[30] Vgl. Bitzer, B. (Arbeitshefte Führungspsychologie, Band 31), S. 49.

[31] Vgl. Bitzer, B. (Arbeitshefte Führungspsychologie, Band 31), S. 50.

[32] Vgl. Bitzer, B. (Arbeitshefte Führungspsychologie, Band 31), S. 49.

[33] Vgl. Braig, W., Wille, R. (Mitarbeitergespräche: Gesprächsführung aus der Praxis für die Praxis), S. 91.

Vorbereitung, der Sprache, dem Gesprächsort und der Gesprächsatmosphäre angezeigt ist, um positiven Verlauf eines Rückkehrgespräches zu erzielen. [34] Die motivationsbedingte Abwesenheit ist ein Grund für Fehlzeiten und deutet auf ein schwieriges Rückkehrgespräch. Die Anwendung des nicht-direktiven Gesprächsstils ist hierbei von besonderer Wichtigkeit. [35]

Für längere Gespräche helfen ein geplanter Ablauf und ein erstellter Leitfaden. [36] Die Argumente und insbesondere abweichende Einschätzungen des Mitarbeiters / der Mitarbeiterin sind ernst zu nehmen. Die Führungskraft fördert das Gespräch, indem Sie Ihr Interesse an den Begründungen erwähnter Standpunkte zeigt und dem Mitarbeiter das Vertrauen ausspricht. [37]

3.2 Grundsätzliche Rückkehrgespräche

Die grundsätzlichen Rückkehrgespräche werden nach jeder Abwesenheit geführt, so kurz die Abwesenheit auch sein mag. Der Inhalt dieser Art von Gesprächen richtet sich nach dem Grund und der Länge der Abwesenheit eines Mitarbeiters. Im Vordergrund steht die Förderung der Motivation, frühzeitiges Erkennen von Problemen und Sicherung der Wiederaufnahme von Arbeit. [38]

Das Rückkehrgespräch fördert einen offenen und vertrauensvollen Dialog zwischen Beschäftigten und Führungskräften und spiegelt den persönlichen Beitrag des Mitarbeiters / der Mitarbeiterin am Gesamterfolg des Unternehmens wider. An der kurzen Abwesenheit erkennt die Führungskraft oft die motivationsbedingte Abwesenheit. Es ist ein unverzichtbarer Bestandteil der Personalentwicklung und von wesentlicher Bedeutung für die Motivation und erfolgreiche Aufgabenerfüllung der Beschäftigten. [39]

Es liegt an der Führungskraft den Mitarbeiter für seine Arbeit zu motivieren, in ihm den Wunsch etwas zu gestalten, etwas zu erreichen und zu bewirken zu wecken. Dieser Wunsch ist grundsätzlich in jedem Menschen vorhanden. Menschen suchen nach etwas, wo sie nicht nur Entspannung, sondern auch Anspannung finden. An Vielen Stellen wird die Bedeutung der Motivation als entscheidender und differenzierender Erfolgsfaktor für ein Rückkehrgespräch nachdrücklich dokumentiert. [40]

---

[34] Vgl. Bitzer, B. (Arbeitshefte Führungspsychologie, Band 31), S. 49.

[35] Vgl. Bitzer, B. (Arbeitshefte Führungspsychologie, Band 31), S. 49.

[36] Tabelle 1, Anhang, S 22.

[37] Vgl. Kießling – Sonntag, J. (Mitarbeitergespräche), S. 14.

[38] Vgl. Bitzer, B. (Arbeitshefte Führungspsychologie, Band 31), S. 55.

[39] Vgl. Cichy, U., Matul, C. Rochow, M. (Vertrauen gewinnt), S. 30.

[40] Vgl. Bitzer, B. (Arbeitshefte Führungspsychologie, Band 31), S. 50.

Die Motivation ist keine menschliche Eigenschaft im engeren Sinne.[41] Es handelt sich um das Ergebnis eines Motivationsprozesses. Dieser wird durch unterschiedliche Einflussfaktoren bestimmt. Motivation, sich in hohem Maße zu engagieren und für hoch gesteckte Ziele zu wirken ist ein ganz wesentlicher Erfolgsbaustein. Jedoch wird bei der Fokussierung auf die Leistungsmotivation oft vergessen, dass Leistungsbereitschaft und Leistung zusammen gehören – sind jedoch nicht dasselbe. Die Bereitschaft zur Leistung wäre der erste Schritt, der Erfolg kommt, wenn die nächsten Schritte stattfinden.[42]

Ein hoch motivierter, leistungsbereiter aber unerfahrener Mitarbeiter kann durch seine hohe Leistungsbereitschaft, z.B. durch hohen Zeiteinsatz, fachliche Lücken oder Anpassungsbedarf im Bereich der sozialen Kompetenzen nur bis zu einem gewissen Grad kompensieren. Damit die bereit gestellte Energie letztlich wirklich in Leistung und Erfolg münden kann, muss seine starke Eigenmotivation um die fehlenden Kompetenzen ergänzt werden.[43]

Die situative Motivation kann stark differieren.[44] Sie ist abhängig vom Anreizwert eines Handlungszieles. Eine Aufgabe hartnäckig zu verfolgen kann von verschiedenen Wünschen getragen werden (in der Abteilung als Spezialist wahrgenommen zu werden, in das Team als solches eingebunden zu sein, weil darin freundschaftliche Beziehungen zu anderen existieren, ein Bonus für die Erledigung von Sonderaufgaben möglichst hoch ausfallen zu lassen, o.ä.).[45]

Es existieren aber auch Gründe gegen ein bestimmtes Verhalten. Mögliche Hindernisse können sein: die aktuelle Befindlichkeit (Müdigkeit, Hunger), individuelle, anders gelagerte Interessen, aus der Erfahrung resultierende frustrierende Erfahrungen mit ähnlichen Aufgaben oder gestörte Beziehungen zu Mitarbeitern und Kollegen, die eng mit derselben Aufgabe zu tun haben.[46]

Bei der Mitarbeitermotivation handelt es sich um eine primäre Aufgabe der Führungskräfte, bei der sie diese zu Höchstleistungen motivieren.[47] Motivation ist grundsätzlich in jedem Mitarbeiter vorhanden, sie erneuert sich von selbst. Grundsätzlich müssen die Mitarbeiter motiviert werden, das Brennen von Menschen für ihre Aufgaben stellt einen Persönlichkeitsmerkmal und ist unterschiedlich ausgeprägt.[48]

---

[41] Vgl. Niermeyer, R. (Motivation, Instrumente zur Führung und Verführung), S. 38.

[42] Vgl. Niermeyer, R. (Motivation, Instrumente zur Führung und Verführung), S. 38-39.

[43] Vgl. Niermeyer, R. (Motivation, Instrumente zur Führung und Verführung), S. 39.

[44] Vgl. Creusen, U., Eschemann, N., Kellner R. (Positive Psychologie in der Führung), S. 25.

[45] Vgl. Creusen, U., Eschemann, N., Kellner R. (Positive Psychologie in der Führung), S. 25.

[46] Vgl. Creusen, U., Eschemann, N., Kellner R. (Positive Psychologie in der Führung), S. 26.

[47] Vgl. Niermeyer, R. (Motivation, Instrumente zur Führung und Verführung), S. 83.

[48] Vgl. Niermeyer, R. (Motivation, Instrumente zur Führung und Verführung), S. 82.

Für die Mitarbeiter ist es wichtig Erfahrungen zu machen, aus denen Sie Energie schöpfen können. Die Aufgabe der Führungskräfte ist es, aus der vorhandenen Energie Ziele zu vermitteln und Barrieren abzubauen. [49] Dabei ist es wichtig, Arbeitsaufgaben so attraktiv wie möglich zu gestalten bzw. Ziele des Unternehmens in attraktive Mitarbeiterziele zu übersetzen. [50]

Ein weiterer Erfolgsfaktor ist die Bedeutung der Wertschätzung des Mitarbeiters. Allgemeine Wertschätzung wird verbal und nonverbal vermittelt und bezieht sich auf die generelle Wertschätzung des Menschen so wie er ist, nicht auf seine Eigenschaften oder Stärken. Diese erfordert vertrauensvollen Umgang miteinander. Echte Wertschätzung ist klar und direkt. Zu ihren Merkmalen gehören: Begegnung auf Augenhöhe, Gegenseitigkeit, eigener stabiler Selbstwertgefühl und guter Wille. [51]

Befragt wurden 100 Mitarbeiter, diese bestätigten, das wertschätzende Anerkennung für den Mitarbeiter / die Mitarbeiterin ein großer Erfolgsfaktor ist, ob es sich um ein Mitarbeitergespräch oder Rückkehrgespräch handelt. Die Praxis zeigt jedoch, dass dies im Alltag nicht tatsächlich erlebt wird. Dabei spiel die Anerkennung über das Gehalt eine geringere Rolle, vielmehr ist es die wertschätzende menschliche Anerkennung seitens der Führungskraft. [52]

Zur Wertschätzung gehört als weiterer Erfolgsfaktor auch die Menschlichkeit im Gesprächsverlauf. Der respektvolle Umgang miteinander, das beide Bedürfnisse gleichermaßen berücksichtigt und diese ernst genommen werden. Es ist wichtig, dass die Fähigkeit, auf einer Ebene zu kooperieren, die von einer Gleichwertigkeit jedes Menschen ausgeht, bei jeder Führungskraft vorhanden ist. „Menschlich führen"[53] heißt, ein ehrliches Interesse für den Kollegen, dem Mitarbeiter oder dem Vorgesetzten zu entwickeln und mit „Wohlwollen"[54] die Leistungen des anderen zu betrachten. [55]

Eine anerkennende Bemerkung am Ende des Gespräches verleiht dem Gespräch einen positiven Nachklang. Oft werden beide Gesprächspartner an die emotionalen Botschaften erinnert, die sie aussandten, intensiver als an die sachlichen Inhalte. Eine verbindliche, auf das Gespräch bezogene Abschlussbemerkung der Führungskraft

---

[49] Vgl. Niermeyer, R. (Motivation, Instrumente zur Führung und Verführung), S. 83.

[50] Vgl. Niermeyer, R. (Motivation, Instrumente zur Führung und Verführung), S. 83.

[51] Vgl. Niermeyer, R. (Motivation, Instrumente zur Führung und Verführung), S. 87.

[52] Vgl. Niermeyer, R. (Motivation, Instrumente zur Führung und Verführung), S. 88.

[53] Lindemann, G., Heim, V. (Erfolgsfaktor Menschlichkeit), S. 16.

[54] Lindemann, G., Heim, V. (Erfolgsfaktor Menschlichkeit), S. 16.

[55] Vgl. Lindemann, G., Heim, V. (Erfolgsfaktor Menschlichkeit), S. 11.

verstärkt das Gespräch auf der Gefühlsebene.[56]

„Ich bedanke mich bei Ihnen, dass Sie die Themen, die Sie bewegen, heute so offen angesprochen haben. Dadurch konnte ich Ihre Lage genauer als bisher verstehen. Bei der Lösung des Problems werde ich Sie, soweit es mir möglich ist, unterstützen."[57]

Letztlich ist es wichtig Probleme frühzeitig zu erkennen. Es ist immer die Entscheidung der Mitarbeiter, ob sie in ihrem Job volle Leistung bringen. Die Führungskraft gestaltet die Bedingungen ebenso, dass Mitarbeitern Loyalität überhaut ermöglicht wird, dass sie Lust darauf bekommen.[58]

Der Arbeitsvertrag zwischen Führungskräften und Mitarbeitern kann aus juristischer und psychologischer Sicht betrachtet werden. Im psychologischen Arbeitsvertrag sind Faktoren wie Begeisterung, Loyalität, der Spaß am Job, das In-der-Arbeit aufgehen verankert. Zeigt der Mitarbeiter sich nach dem Gespräch motivierter und steigert seine Leistungen in der Arbeit, kann dieses als erfolgreich bezeichnet werden.[59]

3.2 Gespräche ersten Stufe zur Verbesserung der Gesundheit

Für die Gespräche ersten Stufe zur Verbesserung der Gesundheit wurden bestimmte Kriterien festgelegt.[60] Die Gespräche werden in der Regel mit Personen geführt, die innerhalb eines Jahres länger als sechs Wochen ununterbrochen oder wiederholt abwesend waren. Die Führungskraft kann das Gespräch ablehnen, wenn der Mitarbeiter die genannten Kriterien erfüllt, aber z.B. durch einen Knochenbruch beim Sport ausgefallen ist.[61] Die Teilnehmer der Gespräche sind direkter Vorgesetzter, Mitarbeiter, Betriebsrat / Personalrat und ein Vertreter der Personalabteilung. Im Vordergrund stehen die Verdeutlichung von Folgen des Fehlens, gemeinsame Analyse und Suche nach Lösungswegen. Als Abschluss wird eine Zielvereinbarung abgeschlossen und diese dokumentiert.[62]

Bei dieser Art von Gesprächen werden Fehlzeiten[63] vergangener Zeiträume thematisiert. Diese Gespräche sind schwierig, weil sie sehr persönlich geführt werden müssen, es sich um ein heikles Thema handelt und der Mitarbeiter weiß alles im

---

[56] Vgl. Kießling – Sonntag, J. (Mitarbeitergespräche), S. 34.

[57] Kießling – Sonntag, J. (Mitarbeitergespräche), S. 34.

[58] Vgl. Niermeyer, R. (Motivation, Instrumente zur Führung und Verführung), S. 87.

[59] Vgl. Niermeyer, R. (Motivation, Instrumente zur Führung und Verführung), S. 88.

[60] Tabelle 1, S. 6.

[61] Vgl. Bitzer, B. (Arbeitshefte Führungspsychologie, Band 31), S. 50.

[62] Vgl. Bitzer, B. (Arbeitshefte Führungspsychologie, Band 31), S. 50.

[63] Vgl. Mall, G., Sehling M. (Das Fehlzeiten-Informations-Management), S.13.

Gegensatz zur Führungskraft. Die Führungskraft ist im Gespräch einer ständigen Gradwanderung zwischen teilnehmender Fürsorge und einem berechtigten Aufklärungsinteresse unterworfen. Das Gespräch an sich kann selbstverständlich nicht von weiteren Fehlzeiten abhalten, doch der Mitarbeiter / die Mitarbeiterin fühlt sich nach einem erfolgreichen Gespräch gut und ist für seine Arbeit motiviert.[64]

Der Begriff Fehlzeiten[65] ist eng gefasst. Hierunter sind Ausfallzeiten zu verstehen, in denen ein Mitarbeiter / eine Mitarbeiterin aus persönlichen Gründen von der Arbeit abwesend ist. Folgende Gründe kämen in Frage: Arbeitsunfähigkeit wegen Krankheit/Unfall, Kuren, Rehabilitationszeiten, Sonderurlaub, entschuldigtes/unentschuldigtes Fehlen, vorzeitiges Verlassen der Arbeit und die vorübergehende Abwesenheit von der Arbeit.[66]

Ein Report über die Ausfalltage der deutschen Wirtschaft aus dem Jahr 2011 zeigt, dass obwohl der Krankenstand 2010 im Vergleich zum Vorjahr bei 4,8 Prozent stagniert, hat die Zahl der Krankheitstage erneut leicht zugenommen. Der Trend hat sich im ersten Halbjahr 2011 fortgesetzt. Im Durchschnitt dauerte 2010 eine Arbeitsunfähigkeit 17,6 Tage. Dazu wurden die Daten der mehr als 10 Millionen bei der Krankenkasse AOK versicherten Erwerbstätigen erhoben. Auffällig ist die Zunahme der psychischen Erkrankungen, die 9,3 Prozent des Gesamtergebnisses ausmachten. Die psychischen Erkrankungen hängen oft mit dem enormen Stress oder Überforderung in der Arbeit zusammen.[67]

Im Mittelpunkt des Fehlzeitreports stand das gesunde Führen der Mitarbeiter – mehr Einsatz für die Mitarbeiter, mehr Feedback und öfter mal ein Lob haben sich die befragten Beschäftigten von Ihrer Führungskraft gewünscht. Mitarbeiter, die gut informiert sind und Anerkennung erfahren, haben weniger gesundheitliche Beschwerden und geringere Fehlzeiten. Doch auch die Führungskräfte selbst stehen unter Druck. Diese gehen trotz Krankheit zur Arbeit, erholen sich bei Krankheit nicht angemessen oder kehren zu früh an ihren Arbeitsplatz zurück.[68]

Die nächste Abbildung zeigt die Zufriedenheit der Mitarbeiter mit dem Führungsverhalten Ihrer Vorgesetzten.[69]

---

[64] Vgl. Braig, W., Wille, R. (Mitarbeitergespräche: Gesprächsführung aus der Praxis für die Praxis), S. 100.

[65] Vgl. Mall, G., Sehling M. (Das Fehlzeiten-Informations-Management), S.13.

[66] Vgl. Mall, G., Sehling M. (Das Fehlzeiten-Informations-Management), S.13.

[67] Vgl. Fehlzeitenreport 2011, http://www.cio.de/karriere/2286205/.

[68] Vgl. Fehlzeitenreport 2011, http://www.cio.de/karriere/2286205/.

[69] Abbildung 3, S. 12.

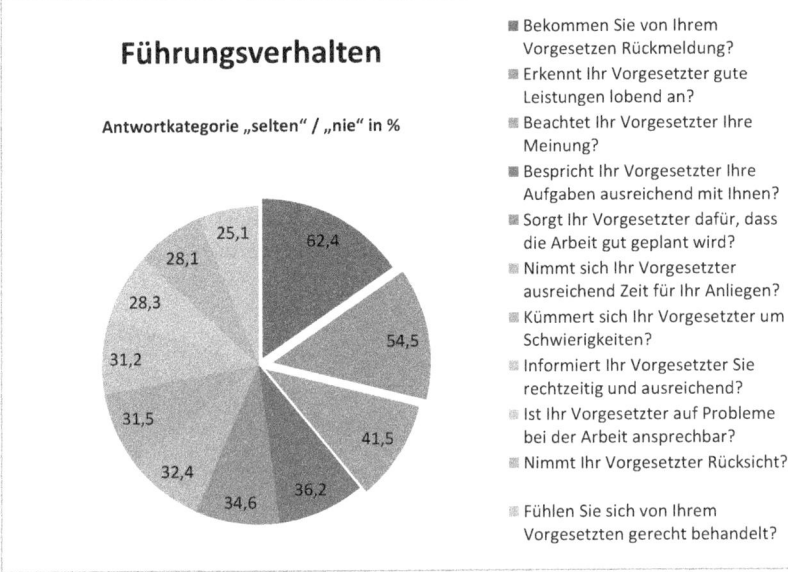

Führungsverhalten

Antwortkategorie „selten" / „nie" in %

- Bekommen Sie von Ihrem Vorgesetzen Rückmeldung?
- Erkennt Ihr Vorgesetzter gute Leistungen lobend an?
- Beachtet Ihr Vorgesetzter Ihre Meinung?
- Bespricht Ihr Vorgesetzter Ihre Aufgaben ausreichend mit Ihnen?
- Sorgt Ihr Vorgesetzter dafür, dass die Arbeit gut geplant wird?
- Nimmt sich Ihr Vorgesetzter ausreichend Zeit für Ihr Anliegen?
- Kümmert sich Ihr Vorgesetzter um Schwierigkeiten?
- Informiert Ihr Vorgesetzter Sie rechtzeitig und ausreichend?
- Ist Ihr Vorgesetzter auf Probleme bei der Arbeit ansprechbar?
- Nimmt Ihr Vorgesetzter Rücksicht?
- Fühlen Sie sich von Ihrem Vorgesetzten gerecht behandelt?

Abbildung 3: Mehr Fehlzeiten und weniger motivierte Mitarbeiter bei schlechtem Führungsverhalten[70]

Das Feedback,[71] deutsch Rückmeldung dient dem Ziel Mitarbeiter zu informieren, wie ihr Handeln von anderen wahrgenommen, erlebt und bewertet wird. Ein vertrauensvolles und offenes Gespräch ermöglicht die Entwicklung einer zuträglichen Feedback-Kultur.[72]

Im Rückkehrgespräch eingesetztes Feedback eröffnet Chancen, positive Verhaltensweisen zu stabilisieren und auszubauen, beide werden durch Anerkennung verstärkt.[73] Ungewünschte und unangemessene Verhaltensweisen, wie z.B. Fehlzeiten, können korrigiert werden, Beziehungsklärung und das wechselseitige Verständnis von Personen optimiert auf diese Weise das Leistungsergebnis.[74]

Es ist nicht erwünscht, für das Geben von Feedback das allgemeine Beschreiben von Verhaltensweisen und Handlungen zu erteilen. Konkrete und zeitnahe Rückmeldungen, bezogen auf eine bestimmte Situation, nicht auf die Person oder deren Verhalten helfen im Gespräch weiter. Pauschale Diagnosen oder Aussagen sind möglichst zu vermeiden, hilfreich ist zu beschreiben, welche Gefühle das Verhalten bei der Person

---

[70] Quelle: Fehlzeiten-Report 2011, eigene Darstellung.

[71] Vgl. Hofbauer, H., Winkler, B. (Das Mitarbeitergespräch als Führungsinstrument), S. 121.

[72] Vgl. Hofbauer, H., Winkler, B. (Das Mitarbeitergespräch als Führungsinstrument), S. 122.

[73] Vgl. Feedback-Regeln (zum Umgang mit Rückmeldungen), Tabelle 3, S. 23.

[74] Vgl. Hossiep, R., Esther Bittner, J. und Berndt, W. (Mitarbeitergespräche), S. 30-31.

auslöst und wie es gewirkt hat. Die direkte Führungskraft spricht den Mitarbeiter / die Mitarbeiterin direkt an, das Feedback wird nicht über Dritte Person weitergegeben (hilfreich ist nicht über andere zu reden, sondern mit ihnen).[75]

3.3 Gespräche zweiten Stufe nach Fehlzeiten

Wenn durch Gespräche ersten Stufe zur Verbesserung der Gesundheit keine Verbesserungen erreicht wurden, tritt nach weiteren vereinbarten Kriterien die zweite Stufe der Gespräche nach Fehlzeiten in Kraft. Diese Gespräche werden in der Regel mit Personen geführt, die nach weiteren „x" Fehlzeitenfällen oder „y" Arbeitstagen in „z" Monaten, Fehlzeiten aufweisen.[76]

Das Gespräch findet zwischen direktem Vorgesetzten, dem Mitarbeiter / der Mitarbeiterin, Vertreter des Betriebsrates und evtl. einem Mitarbeiter der Personalabteilung statt.[77] Im Vergleich zu bisherigen Gesprächen wird in dieser Gesprächsstufe bereits auf mögliche Konsequenzen beim Fehlverhalten hingewiesen. Im Gespräch werden Probleme analysiert, vereinbarte Ziele kontrolliert, Konsequenzen beim Fehlverhalten aufgezeigt und neue Zielvereinbarungen abgeschlossen bzw. dokumentiert.[78]

In dieser Stufe des Gespräches ist das Vertrauen als Erfolgsfaktor wichtig.[79] Der Mitarbeiter / die Mitarbeiterin erwartet vom direkten Vorgesetzten, dass er / sie sich auf ihn und ein gegebenes Versprechen verlassen kann, da es sich teils im Gespräch um sensible Daten handelt. Das entgegengebrachte Vertrauen der Organisation und der Führungskraft in den Mitarbeiter / die Mitarbeiterin fördern die Rückkehrgespräche und die zu erwartende Kooperation. Dadurch erhöht sich die Leistungsfähigkeit der Mitarbeiter, die Motivation wird gestärkt und es werden bessere Ergebnisse erzielt.[80]

„Misstrauen ist nicht das Gegenteil von Vertrauen, sondern Vertrauen und Misstrauen sind zwei komplementäre Modi der Thematisierung unseres Befindens in der Welt, die demselben Ziel dienen: der Reduktion von Erwartungsunsicherheit.

Von Vertrauen sollte erst dann gesprochen werden, wenn es eine soziale Praxis des Misstrauens gibt."[81]

Vertrauen sich die Führungskraft und der Mitarbeiter / die Mitarbeiterin gegenseitig,

---

[75] Vgl. Hossiep, R., Esther Bittner, J. und Berndt, W. (Mitarbeitergespräche), S. 33.

[76] Vgl. Bitzer, B. (Arbeitshefte Führungspsychologie, Band 31), S. 50.

[77] Tabelle 1, S. 6.

[78] Vgl. Bitzer, B. (Arbeitshefte Führungspsychologie, Band 31), S. 51.

[79] Vgl. Cichy, U., Matul, C. Rochow, M. (Vertrauen gewinnt), S. 30-31.

[80] Vgl. Cichy, U., Matul, C. Rochow, M. (Vertrauen gewinnt), S. 30-31.

[81] Jan Philipp Reemtsma 2009, Vgl. Cichy, U., Matul, C. Rochow, M. (Vertrauen gewinnt), S. 28.

können beide besser kooperieren und ein bestimmtes Maß an Ängsten und Unsicherheiten wird abgebaut.[82]

Wird in einer Organisation Vertrauen gefördert, öffnet es Türen für Kommunikation, Kreativität, neue Ideen und Innovation.[83] Vertrauen gibt Mitarbeitern den Mut Fehler zu machen, diese auch einzugestehen und daraus zu lernen. Vertrauen reduziert Komplexität, es ist umso wünschenswerter, je komplexer die Organisation ist. Wichtig ist aber, dass Vertrauen nur gegenseitig funktioniert.[84]

Führung ohne Vertrauen der Mitarbeiter, ist langfristig nicht möglich und Führen ohne den eigenen Mitarbeitern zu vertrauen, ist zumindest kräftezehrend.[85] Das Vertrauen und die Kontrolle gehören irgendwie zusammen. Sie ergänzen sich gegenseitig, ohne Vertrauen wäre Kontrolle Überwachung.[86]

Ganz ohne Kontrolle geht es jedoch nicht, ein Mittelmaß zu finden ist die Lösung.[87] Werden Kontrollmaßnahmen reduziert, steigt die höhere intrinsische Motivation, dadurch entwickelt sich eine höhere Leistungsbereitschaft und die Effizienz und Effektivität steigen. An dieser Stelle ist die Vorbildfunktion der Führungskräfte gefragt. Sie müssen einerseits beispielhaft vorangehen und andererseits die Funktion eines Schiedsrichters übernehmen. An ihnen liegt es vertrauensvolle Kultur aufzubauen, Fortschritte zu feiern und Rückschritte aufzuarbeiten. Veränderungen in Organisationen, aber auch in Gesprächen werden immer an Personen, insbesondere Führungspersonen festgemacht. Sie verkörpern Ideen und Werte und helfen Ziele zu realisieren.[88]

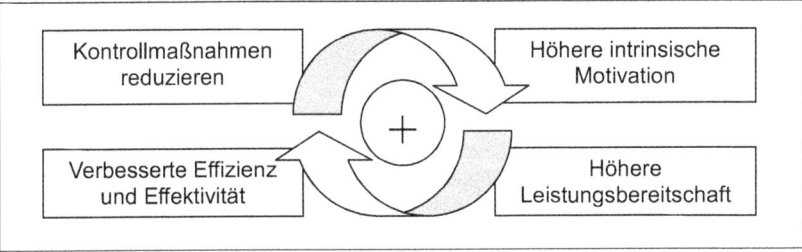

Abbildung 4: Die Vertrauensspirale[89]

---

[82] Vgl. Hofbauer, H., Winkler, B. (Das Mitarbeitergespräch als Führungsinstrument), S. 93.

[83] Vgl. Koppelin, F. (Böse – Babel – Besser, Konflikte in der Kommunikation), S.7.

[84] Guido Möllering, Vertrauenforscher, Vgl. Cichy, U., Matul, C. Rochow, M. (Vertrauen gewinnt), S. 53.

[85] Vgl. Cichy, U., Matul, C. Rochow, M. (Vertrauen gewinnt), S. 39-40.

[86] Guido Möllering, Vertrauenforscher, Vgl. Cichy, U., Matul, C. Rochow, M. (Vertrauen gewinnt), S. 53.

[87] Vgl. Cichy, U., Matul, C. Rochow, M. (Vertrauen gewinnt), S. 80.

[88] Vgl. Cichy, U., Matul, C. Rochow, M. (Vertrauen gewinnt), S. 81.

[89] Cichy, U., Matul, C. Rochow, M. (Vertrauen gewinnt), S. 53.

3.3 Gespräche dritten Stufe nach Fehlzeiten

Stellt sich auch nach einem Gespräch der zweiten Stufe keine Besserung ein, d.h. der Mitarbeiter hat weiterhin unerklärlich viele Fehlzeiten, ist es notwendig konsequent zu bleiben und ein Gespräch der dritten und letzten Gesprächsstufe durchzuführen. Das bevorstehende Gespräch muss direkt nach der Rückkehr des Mitarbeiters geführt und gut vorbereitet werden. Die Gesprächsleitung liegt bei der Personalabteilung.[90]

Die Gespräche dritten Stufe nach Fehlzeiten werden spätestens nach weiteren „x" Fehlzeitenfällen oder „y" Arbeitstagen in „z" Monaten geführt und beinhalten arbeitsrechtliche Konsequenzen. In diesen Gesprächen wird dem Mitarbeiter / der Mitarbeiterin mitgeteilt, dass sein / ihr Verhalten vom Arbeitgeber nicht weiter akzeptiert werden kann und er / sie deswegen gekündigt wird.[91]

Verspricht der Mitarbeiter / die Mitarbeiterin sich zu bessern, nur um der Kündigung zu entgehen, empfiehlt es sich für den Arbeitgeber an seiner Kündigungsabsicht festzuhalten, da der Mitarbeiter / die Mitarbeiterin viel Zeit hatte, sein Verhalten zu ändern. Alle Gespräche der insgesamt drei Stufen wurden durch kurze Notizen protokolliert, diese sind wichtig, da eine ordentliche Kündigung[92] nicht mehr vermeidbar ist und ein Gang zum Arbeitsgericht anstehen könnte.[93]

Die Praxis zeigt, dass viele Führungskräfte und Betriebsratsmitglieder dafür sorgen, dass nicht nur geeignete Maßnahmen eingeleitet und umgesetzt werden, sondern sie die Mitarbeiter wieder zur Ausführung ihrer Arbeit motivieren können. Mit geeigneten Maßnahmen und Betriebs-/Personalräten als Schlichter können einige Kündigungen verhindert werden.[94]

Sinn und Zweck des Gespräches ist ein gemeinsamer Problemlösungsprozess, um mögliche beinflussbare Krankheitsursachen zu ergründen und Veränderungen einzuleiten. Lösungsorientierte Mitarbeiterführung forscht nach Kompetenzen und Ressourcen, listet Stärken auf und denkt darüber nach, welche Erfolge wie erzielt und wie diese ausgebaut werden können. Fehler, Probleme und Pessimismus gehören zum Alltag dazu und sind in den Organisationen, die sich laufend verändern, zu finden. Auftretende Veränderungen und Schwierigkeiten fordern oft neue Ordnungsstrukturen und begleiten Lern- und Veränderungsprozesse. Gut geschulte und vorbereitete Führungskräfte, die ihre Gespräche Kompetenz- und lösungsorientiert führen, fördern den Erfolg eines Rückkehrgesprächs.[95]

---

[90] Vgl. Bitzer, B. (Arbeitshefte Führungspsychologie, Band 31), S. 51.

[91] Vgl. Tabelle 1 (Gesprächsstufen), eigene Hausarbeit, S. 6.

[92] Vgl. Arbeitsgesetze, 2010, § 620, § 622, S. 46-47.

[93] Vgl. Bitzer, B. (Arbeitshefte Führungspsychologie, Band 31), S. 51.

[94] Vgl. Bitzer, B. (Arbeitshefte Führungspsychologie, Band 31), S. 51.

[95] Vgl. Billen, B., Schmitz, L. (Lösungsorientierte Mitarbeitergespräche), S. 17.

Aus Sicht des lösungsorientierten Ansatzes unterstellt die Führungskraft den Mitarbeitern grundsätzlich Kompetenz, guten Willen und Interesse an ihrer Arbeit. Die Aufgabe der Führungskraft ist es den Mitarbeitern zu signalisieren, dass Fehler menschlich sind und „als Lernfeld willkommen sind"[96],[97]

Die Basis eines lösungsorientierten Ansatzes ist der „Konstruktivismus".[98] Das bedeutet, dass die Menschen ihre Wirklichkeit durch Sprache schaffen. Je mehr wir über Lösungen, Gelingendes und über Ziele reden, umso eher werden diese eintreten. Im Mittelpunkt eines professionellen, geplanten und zielgerichteten Gespräches nach dem lösungsorientierten Modell stehen Erfolge, Ziele, erste Schritte, Verbesserungen, neue Ideen und Lösungen. Richtet die Führungskraft Ihre Aufmerksamkeit auf Stärken der Mitarbeiter und auf Ressourcen Ihrer Organisation und unterstellt sie dem Mitarbeiter grundsätzlich Kompetenz, stärkt es die Mitarbeiter im Sinne eines Empowerments und die Mitarbeiter sehen sich selbst und ihre Stärken selbstbewusster.[99]

4. Chancen und Risiken

Wie im Kapitel drei angedeutet, ist das Instrument Rückkehrgespräch bei vielen Unternehmen sehr beliebt. Ein Grund ist sicherlich, dass dies eine Gesprächsplattform bietet und so die Chance eröffnet, Ursachen von Erkrankungen in einem persönlichen Gespräch zu erläutern. Die Rückkehrgespräche können relativ schnell als Führungsinstrument eingeführt werden und sind gut strukturierbar.[100]

Ein weiterer positiver Aspekt stellt eine eindeutige Zuordnung der Aufgabe Rückkehrgespräche zu führen zum jeweiligen Verantwortungsbereich der Führungskräfte. Die Rückkehrgespräche führt nicht irgendeiner, sondern der jeweils direkte Vorgesetzte, was die Stellung als Führungskraft nur stärken kann.[101]

Sicherlich tragen die Rückkehrgespräche auch dazu bei, Fehlzeiten im Arbeitsprozess zu senken und dem sensiblen Thema Krankenstand gerecht zu werden.[102]

Neben den genannten Chancen, die Rückkehrgespräche bieten, müssen einige kritische Aspekte, die den Einsatz des Rückkehrgespräches betreffen, genannt werden. Die immer wieder genannten Vorteile dieses Instruments sind die Chancen, durch

---

[96] Billen, B., Schmitz, L. (Lösungsorientierte Mitarbeitergespräche), S. 17.

[97] Vgl. Billen, B., Schmitz, L. (Lösungsorientierte Mitarbeitergespräche), S. 17.

[98] Simon, F. (Einführung in Systemtheorie und Konstruktivismus), S. 7.

[99] Vgl. Billen, B., Schmitz, L. (Lösungsorientierte Mitarbeitergespräche), S. 21.

[100] Vgl. Bitzer, B. (Arbeitshefte Führungspsychologie, Band 31), S. 7.

[101] Vgl. Bitzer, B. (Arbeitshefte Führungspsychologie, Band 31), S. 44-45.

[102] Vgl. Mall, G., Sehling M. (Das Fehlzeiten-Informations-Management), S.13.

Androhung von Sanktionen diejenigen Mitarbeiter, die blaumachen, unter Druck setzen zu können, sind nicht zweifelsfrei, da es nicht feststeht ob jemand nur blaumacht oder etwa tatsächlich krankheitsbedingt fehlt. Hier ist die große Vorsicht geboten, was den Einsatz einer Gesprächsform und die Androhung von Sanktionen anbelangt.[103]

Hinzu kommen die arbeitsrechtlichen Rahmenbedingungen, die es aus Gründen des Datenschutzes nicht erlauben, dass einzelne Krankheiten und Krankheitsdiagnosen genannt werden. Das kann dazu führen, dass Gesprächsverläufe sich nur schwierig gestalten, da Informationen zu den Hintergründen fehlen oder nicht ausreichend bewertet werden können.[104]

5. Schlussbetrachtung

Der häufige Einsatz von Rückkehrgesprächen ist ein Hinweis auf die erfreuliche Entwicklung, dass Organisationen bemüht sind Fehlzeiten zu reduzieren und die Gesundheit ihrer Mitarbeiter zu einem wichtigen Thema zu machen. Das alleinige Verbreiten der Merkmale oder Leitfäden genügt nicht. Bei den betroffenen Führungskräften muss auch ein Entwicklungsprozess stattfinden, der sie von der Notwendigkeit der dargestellten Vorgehensweisen überzeugt. Das Bewusstsein für die Problematik ist am ehesten und schnellsten im Rahmen von Seminarveranstaltungen zum Rückkehrgespräch zu erreichen.[105]

In den Seminarveranstaltungen werden Zusammenhänge zwischen Ausfallzeiten, Gesprächsmethodik und Führungsgrundsätzen erläutert und die Führungskräfte werden auf die Durchführung von Rückkehrgesprächen vorbereitet und trainiert, damit diese für beide Gesprächspartner erfolgreich verlaufen. Dabei kann die Gesprächsführung der Führungskräfte mit Mitarbeitern allgemein und insbesondere mit Mitarbeitern, die aus einer Krankheit zurückkehren, verbessert und die Sicherheit in Gesprächssituationen trainiert werden.[106]

„Die Rolle der Führungskraft hat sich in der letzten Zeit verändert: Gefragt ist nicht mehr der Macher, der alles alleine macht, gefragt ist heute der Coach, der gemeinsam mit den Beschäftigten Ziele setzt und die Ressourcen zur Erlangung der Ziele bereitstellt. Gesundheitsförderliches Führungsverhalten bedarf der Fachkompetenz und der Sozialkompetenz der Vorgesetzten. Das Verhalten von Führungskräften hat Auswirkungen auf Motivation, Einsatzbereitschaft und auch die Gesundheit der Beschäftigten."[107]

---

[103] Vgl. Mall, G., Sehling M. (Das Fehlzeiten-Informations-Management), S.13.

[104] Vgl. Fitting, K., Engels, G., Schmidt, I., Trebinger, Y., Linsenmaier, W., Auffarth, F., (Betriebsverfassungsgesetz mit Wahlordnung, § 87 Abs. 1 Nr. 1), S. 1301.

[105] Vgl. Bitzer, B. (Arbeitshefte Führungspsychologie, Band 31), S. 9.

[106] Vgl. Bitzer, B. (Arbeitshefte Führungspsychologie, Band 31), S. 104.

[107] http://www.infoline-gesundheitsfoerderung.de/go/id/hei/.

Entscheidend für erfolgreiche Rückkehrgespräche ist, dass Mitarbeiter dazu motiviert werden, die tatsächlichen Ursachen für das Fernbleiben zu erforschen. Wichtig dabei ist die Betonung eines gemeinsamen Ziels zur Behebung von Ursachen entstandener Fehlzeiten und die Klärung, ob das betriebliche Umfeld eventuell Auslöser für den Ausfall sein könnte und die Hilfe für berufliche oder private Probleme gewünscht wird.[108]

Gesunde und integrierende Rückkehrgespräche [109] lohnen sich bereits unter dem Kostenfaktor und geben darüber hinaus wertvolle Impulse zur betrieblichen Gesundheitsförderung und Personalentwicklung. Professionell eingeleitet, konsequent betrieben und fest institutionalisiert wie beispielsweise bei der Stadt Ingolstadt, können Rückkehrgespräche so zu einem akzeptierten Führungsinstrument werden.[110]

---

[108] Vgl. Bitzer, B. (Arbeitshefte Führungspsychologie, Band 31), S. 50.

[109] Tabelle 4, Übersicht Erfolgsfaktoren in den einzelnen Gesprächsstufen, S. 24.

[110] Abbildung 5: Erwartungen in einem Fehlzeitengespräch, http://www.charite.de/personalrat/dienst/fehlleit.pdf, S.25.

Literaturverzeichnis

Verwendete Literatur

Arbeitsgesetze, 76. Auflage, Beck-Texte im dtv, § 620 (Beendigung des Dienstverhältnisses) und § 622 (Kündigungsfristen bei Arbeitsverhältnissen), 2010.

Billen, B., Schmitz, L., Lösungsorientierte Mitarbeitergespräche, zielorientiert planen, klar formulieren, erfolgreich Vereinbarung treffen, 2. Aktualisierte Auflage, 2005.

Bitzer, B., (1999), Arbeitshefte Führungspsychologie, Band 31, Kommunikation macht gesund, 2., überarbeitete und erweiterte Auflage 2010.

Braig, W., Wille, R., Mitarbeitergespräche: Gesprächsführung aus der Praxis für die Praxis, 3. Auflage, 2007.

Cichy, U., Matul, C., Rochow, M., Vertrauen Gewinnt, die bessere Art, in Unternehmen zu führen, 2011.

Creusen, U., Eschemann N., Kellner R., Positive Psychologie in der Führung, Ansatzpunkte einer talent- und stärkenorientierten Teamentwicklung, 1. Auflage, Hamburg, 2011.

Fitting, K., Engels, G., Schmidt, I., Trebinger, Y., Linsenmaier, W., Auffarth, F., Betriebsverfassungsgesetz mit Wahlordnung, 2012.

Hofbauer, H., Winkler, B., Das Mitarbeitergespräch als Führungsinstrument, Special: schwierige Gespräche, 3. erweiterte Auflage, München, Wien, 2004.

Hossiep, R., Esther Bittner, J. und Berndt, W., Mitarbeitergespräche motivierend, wirksam, nachhaltig, Praxis der Personalpsychologie, Human Resource Management kompakt, Band 16, Berlin, Freie Universität Berlin, 2008.

Kießling-Sonntag, J., Mitarbeitergespräche, 1. Auflage, Berlin, 2008.

Koppelin, F., Böse – Babel – Besser, Konflikte in der Kommunikation, ein Handbuch zur Kommunikation und Konfliktbewältigung in der Führung von Mitarbeitern, Bonn, 2003.

Lindemann, G., Heim, V., Erfolgsfaktor Menschlichkeit, Wertschätzend führen – wirksam kommunizieren, Ein Praxishandbuch für effektives Beziehungsmanagement und neue Unternehmenskultur, Paderborn, 2010.

Mall, G., Sehling M., Das Fehlzeiten-Information-Management, 1. Auflage, 1998.

Mentzel, W., Grotzfeld, S., Haub, C., Mitarbeitergespräche – Mitarbeiter motivieren, richtig beurteilen und effektiv einsetzten, 7. Auflage, 2008.

Niermeyer, R., Motivation, Instrumente zur Führung und Verführung, 1. Auflage, Freiburg, 2001.

Saul, S. Führen durch Kommunikation, 2. Auflage, Weinheim, Basel: Beltz, 1995.

Schulz von Thun, F., Miteinander reden, Bd. 3., 8. Auflage, Hamburg, 2001.

Simon, F., Einführung in Systemtheorie und Konstruktivismus, 5. Auflage, 2011.

Vieth, P., Das Rückkehrgespräch: Fürsorglicher Dialog oder Hochnotpeinliche Befragung, in: Busch, R. (Hrsg.): Vom Fehlzeitenmanagement zur Betrieblichen Gesundheitsförderung, Band 14, 1. Aufl., Berlin, Freie Universität Berlin, 1996.

Ergänzende / Vertiefende Literatur

Bernstein, A., Craft Rozen, S., Kooperation statt Konflikt, Zürich, Orell Füssli, 1993.

Birker, G., Birker, K., Teamentwicklung und Konfliktmanagement, Berlin, 2001.

Bitzer, B., Fehlzeiten als Chance, 5. Auflage, Renningen, 2008.

Bösterling, B. und H. Fritz, H., Systemische Organisations- und Strukturaufstellungen in Führung und Beratung, Hannover, 2004.

Breisig, T., Personalbeurteilung, Mitarbeitergespräche und Zielvereinbarungen regeln und gestalten, aktuelle Empfehlungen aus über 70 Beurteilungsverfahren, 3. Auflage, 2005, Frankfurt am Main, 2005.

Breisig, T., Personalbeurteilung, Mitarbeitergespräch, Zielvereinbarungen, Grundlagen, Gestaltungsmöglichkeiten und Umsetzung in Betriebs- und Dienstvereinbarungen, 2. Überarbeitete Auflage, 2001, Frankfurt am Main, 2001.

Bungart, J., Psychische Erkrankung am Arbeitsplatz, 2001.

Crisand, E., Psychologie der Gesprächsführung, 9. Auflage, Hamburg, 2010.

Csikszentmihalyi, M., Flow. Das Geheimnis des Glücks, Stuttgart, 2004.

Gehm, T., Kommunikation im Beruf, Weinheim, Basel, Beltz, 1994.

Grün, A., Menschen führen – Leben wecken, München, 2006.

Fengler, J., Feedback geben, Beltz, 1998.

Hartz, P., Jeder Arbeitsplatz hat ein Gesicht. Frankfurt/M. (Campus).

Herzberg, F., Mausner, B., Snyderman, B., The Motivation to Work, 2. Auflage, New York, 1959.

Kabat-Zinn, J., Gesund durch Meditation. Das große Buch der Selbstheilung, Bern, 2001.

Lauterbach, M., Gesundheitscoaching, Strategien und Methoden für Fitness und Lebensbalance im Beruf, 2. Auflage, 2008, Heidelberg, 2008.

Meier, R., 30 Minuten für erfolgreiche Teamarbeit, Offenbach am Main, 2004.

Motamedi, S., Konfliktmanagement, Offenbach, 1999.

Rosenstiel, L., Grundlagen der Organisationspsychologie. Basiswissen und Anwendungshinweise, 6. Auflage, Stuttgart, 2007.

Schulz von Thun, F., Führen durch Kommunikation, 2. Auflage, Weinheim, Basel, Beltz, 1995.

Schulz von Thun, F., u.a. Miteinander reden: Kommunikation für Führungskräfte, 4.

Auflage, Hamburg, 2002.

Van Dick, R./West, M.A., Teamwork, Teamdiagnose, Teamentwicklung, Göttingen, 2005.

Statistische Handwörterbücher, Jahrbücher, Gerichtsbeschlüsse

Bundesarbeitsgericht, Beschluss vom 08.11.1994, Aktenzeichen 1 ABR 22/94, Erfurt 1994.

Stadt Ingolstadt, Personalamt, Statistik für Rückkehrgespräche.

Internetempfehlungen / Weblinks

http://www.personalvertretungsgesetz.de/gesetze-personalvertretungsgesetz/index.html

http://www.cio.de/karriere/2286205, Fehlzeitenreport 2011.

http://www.manager-magazin.de/koepfe/karriere/0,2828,355227,00.html.

http://www.personalentwicklungsberatung.de/Informationen/Mitarbeitergespräche.html.

http://ww.infolinge-gesundheisfoerderung.de/ca/j/hen/.

http://www.boeckler.de/1582_1629.htm.

http://www.charite.de/personalrat/dienst/fehlleit.pdf.

Anhang

Anlage 1: Leitfaden für Rückkehrgespräche

Leitfaden für Rückkehrgespräche

Vorbereitung des Rückkehrgesprächs

- Geschlossene Räumlichkeit bzw. angemessene Räumlichkeit
- Zeit einplanen und nehmen
- Ausgeglichen sein
- Störung vermeiden
- Hintergrundinformation haben (u.a. Information über Dauer und Art der Erkrankung einholen)
- Gesprächsziel festlegen
- Sich eigene Vorurteile bewusst machen
- Aufstellung von Punkten/Fakten, die sich in der Zwischenzeit/Abwesenheit ereignet haben
- Persönlich einladen, Gesprächsthema ankündigen, Termin vereinbaren und auch einhalten
- Gespräch zeitnah führen

Durchführung des Rückkehrgesprächs
Redeanteil: 60 % Mitarbeiter, 40 % Vorgesetzter

1. **Kontaktaufnahme**
   - Begrüßung und Gesprächseinstieg
   - Ohne Vorurteile in das Gespräch gehen
   - Nach dem Befinden erkundigen („Wie geht es Ihnen? Sind Sie wieder gesundheitlich hergestellt?") zuhören
2. **Informationsphase**
   - Abteilungsinformationen weitergeben
   - Durch offene Fragen ins Gespräch kommen
   - Ausreden lassen und zuhören
   - Nach eventuellem Zusammenhand zwischen Abwesenheit und Arbeitsplatz fragen; bei Zusammenhang Hilfe anbieten
   - Fortschrittskontrolle/Diskussion der (Gesprächs-) Zielerreichung der abgelaufenen Periode
3. **Argumentationsphase**
   - Beurteilung der (Gesprächs-) Zielerreichung
   - Pausen aushalten (warten auf das, was nach der Pause kommt, dem anderen Zeit lassen, die Antwort zu formulieren, nicht abkürzen)
   - Nicht zu früh Wertungen vornehmen
   - Von der eigenen Meinung abweichende Aussagen zulassen
   - Reflektieren, welche Dinge auf den Mitarbeiter / die Mitarbeiterin motivierend wirken
   - Feedback geben (Wertschätzung!)
   - Vertrauen aufbauen (Hinweis auf Datenschutz!)
4. **Beschlussphase**
   - Vereinbarung neuer Geschäfts- Ziele
   - Vereinbarung eines Termins für Wiederholungsgespräch
   - Schriftliche Fixierung der Vereinbarung und Austausch der Dokumente
5. **Abschlussphase**
   - Positiver Gesprächsabschluss
   - Reflektion des Gesprächsverlaufes

- Schriftliche Dokumentation

Nachbereitung des Mitarbeitergesprächs

Tabelle 2: Leitfaden für Rückkehrgespräche[111]

---

[111] eigene Darstellung in Anlehnung an Bitzer, B. (Arbeitshefte Führungspsychologie, Band 31), S. 99 und Hossiep, R., Esther Bittner, J. und Berndt, W., (Mitarbeitergespräche), Beiblatt.

Anlage 2: Feedback-Regeln (zum Umgang mit Rückmeldungen)

Feedback-Regeln (zum Umgang mit Rückmeldungen)

Rückmeldungen dienen dem Ziel, Mitarbeiter, Kollegen oder auch Vorgesetzte darüber zu informieren, wie ihr Handeln von anderen wahrgenommen, erlebt und / oder bewertet wird.

Voraussetzung für die Entwicklung einer zuträglichen Feedback-Kultur:

Ein von Vertrauen und Offenheit geprägter zwischenmenschlicher Umgang. Ob das Feedback förderlich oder eher abträglich ist, hängt stark von der Art und Weise ab, wie es „rübergebracht" wird. Dazu gehört auch, dass Rückmeldungen mit dem Ziel der Verhaltensänderung oder –Stabilisierung nur zu Bereichen gegeben werden sollten, die einer Veränderung prinzipiell zugänglich sind.

Empfehlungen für das Geben von Feedback:

- Verhaltensweisen und Handlungen sind lediglich zu beschreiben, Bewertungen – auch implizit – sollten unterbleiben.
- Rückmeldungen sind konkret auf abgrenzbares Verhalten in bestimmten Situationen zu beziehen – nicht auf die Person und deren Verhalten als Gesamtheit.
- Feedback sollte möglichst zeitnah zu den jeweiligen Wahrnehmungen und Empfindungen – nicht irgendwann später im Sinne einer „Abrechnung" – gegeben werden.
- Hilfsreich ist zu beschreiben, welche Gefühle das Verhalten ausgelöst hat und wie es gewirkt hat (also z.B. „Ich habe ... beobachtet, und das hat auf mich folgenden Eindruck gemacht:..."). Pauschale Diagnosen wie „Ihnen fehlt es offenbar an Zivilcourage" oder „Sie haben sich wohl nicht im Griff" sind zu vermeiden.
- Formulierungen sollten umkehrbar sein, d.h. so wie man es auch dem Gesprächspartner (hierarchieübergreifend) gern gestattet würde, zu formulieren.
- Adressaten bzw. Empfänger sind nach Möglichkeit direkt anzusprechen. Feedback sollte nicht über Dritte weitergegeben werden. (Man sollte nicht über andere reden, sondern verstärkt mit ihnen).

Empfehlungen für das Entgegennehmen von Feedback:

- Hören Sie aufmerksam zu. Fragen Sie (ggf. mehrfach) nach und klären Sie, was für Sie noch nicht hinreichend deutlich geworden ist.
- Argumentieren Sie nicht sofort. Versuchen Sie nicht direkt, sich zu verteidigen bzw. zu rechtfertigen und die Gründe für Ihr eigenes Verhalten darzulegen.
- Nehmen Sie sich ausreichend Zeit, um in Ruhe über das Feedback nachzudenken.

Tabelle 3: Feedback-Regeln (zum Umgang mit Rückmeldungen)[112]

---

[112] Hossiep, R., Esther Bittner, J. und Berndt, W. (Mitarbeitergespräche), Beilage zum Buch.

Anlage 3: Erfolgsfaktoren in den einzelnen Gesprächsstufen

Gesprächsstufe	Erfolgsfaktoren
Grundsätzliche Rückkehrgespräche	• Motivationsfähigkeit der Führungskräfte: Mögliche <u>Motive</u> zur Motivation: - Mitarbeiter-/in wird in der Abteilung als Spezialist wahrgenommen - Mitarbeiter-/in ist in das Team gut eingebunden, weil darin freundschaftliche Beziehungen zu anderen existieren - Ein Bonus für die Erledigung von Sonderaufgaben fällt hoch aus - Verbesserung aktueller Befindlichkeit (Müdigkeit, Hunger) • Verbale und Nonverbale Wertschätzung des Mitarbeiters/ der Mitarbeiterin • Menschlichkeit • Respektvoller Umgang miteinander • Begegnung auf Augenhöhe • „psychologischer Arbeitsvertrag" - Begeisterung - Loyalität - Spaß am Job
Gespräche ersten Stufe zur Verbesserung der Gesundheit	• „Das gesunde Führen der Mitarbeiter" - Mehr Einsatz für die Mitarbeiter - Mehr Feedback (nicht über andere reden, sondern mit ihnen) - Öfter Lob - Mehr Anerkennung
Gespräche zweiten Stufe nach Fehlzeiten	• Vertrauen in die Führungskraft und Organisation wird gefördert - ein bestimmtes Maß an Ängsten und Unsicherheiten wird abgebaut - ein Mittelmaß an Kontrolle und Vertrauen muss gefunden werden
Gespräche dritten Stufe nach Fehlzeiten	• ein erfolgreich stattfindender Problemlösungsprozess - Kompetenzen - Ressourcen - Stärken müssen gefunden werden - Über Lösungen reden, nicht über Probleme - Die Unternehmensvision wird als sinngebend empfunden • Gut geschulte und vorbereitete Führungskräfte - Kommunikationsfähigkeit - Problemlösungsfähigkeit - Erfolg im Team - Offenheit und Aufrichtigkeit

Tabelle 4: Übersicht Erfolgsfaktoren in den einzelnen Gesprächsstufen

Anlage 4: Erwartungen in einem Fehlzeitengespräch

Worauf es in einem Fehlzeitengespräch ankommt –
eine kleine Hilfestellung für die Führungskraft

Beschäftigte erwarten von der Führungskraft im Gespräch, dass…

… die Arbeitsaufnahme nach überstandener Krankheit bemerkt wurde und Beachtung findet.

…sie rechtzeitig ein Krankengespräch führt und nicht so lange wartet, bis der Fall zu einem Problem und durch Versetzung an einen anderen Arbeitsplatz verschoben wird.

…kein Krankengespräch zwischen Tür und Angel oder im Beisein der Kollegen-/innen geführt wird.

…vorgetragene Beschwerden nicht verniedlicht, bagatellisiert und verharmlost werden.

…sie oder er ernst genommen werden, die Führungskraft Verständnis zeigt und sich in ihre oder seine Lage versetzt.

…Hilfsangebote vorgeschlagen werden, wenn Probleme am Arbeitsplatz genannt werden.

…sie es mit der Fürsorge ehrlich meint und Informationen und Tipps vermittelt.

…sie über die Dinge informiert, die während der Abwesenheit geschehen sind.

Eine verantwortungsbewusste Führungskraft führt das Gespräch so, dass…

…sie die/den Beschäftigten begrüßt und sich freut, dass sie/er wieder gesund ist.

…sie zwischen Ankündigung und Durchführung eines Rückkehr- oder Fehlzeitengesprächs den Termin so kurz wie möglich legt.

…sie um eine unangenehme Sache nicht lange herumredet, sondern Probleme frühzeitig, klar, offen und taktvoll anspricht.

…sie sich Zeit nimmt und die Sorgen, Probleme, Vorschläge, Befürchtungen und Kritik in Ruhe anhört.

…sie es in einer ruhigen, interessierten und freundlichen Weise führt, ohne der/dem Beschäftigten unredliches Verhalten zu unterstellen.

…sie die Bereitwilligkeit, helfen zu wollen vor allem betont, wenn die Beseitigung von Ursachen in ihrem Kompetenzbereich liegt.

…ein Dialog mit der/dem Beschäftigten erfolgt und sie/er mit in die Verantwortung einbezogen wird:
„Was können wir gemeinsam tun, damit sich Ihr Problem löst? Lassen Sie uns gemeinsam überlegen, was zu tun ist.“

Abbildung 5: Erwartungen in einem Fehlzeitengespräch[113]

---

[113] http://www.charite.de/personalrat/dienst/fehlleit.pdf , Rückkehr- und Fehlzeitengespräche in der Charité – Universitätsmedizin Berlin, Ein Leitfaden für Führungskräfte.

Anlage 5: 10 Gebote des guten Zuhörens

Auch Zuhören will gelernt sein – 10 Gebote des guten Zuhörens:

1. Nicht sprechen!
2. Nicht denken!
3. Zeigen Sie, dass Sie zuhören!
4. Halten Sie Ablenkung fern!
5. Stellen Sie sich auf Ihr Gegenüber ein!
6. Geduld!
7. Beherrschen Sie sich!
8. Lassen Sie sich durch Vorwürfe und Kritik nicht aus dem Gleichgewicht bringen!
9. Fragen Sie!
10. Sorgen Sie für eine entspannte Atmosphäre!

Typische Fehler beim Zuhören...

Reden während der andere noch spricht
Schon an die Gegenargumente denken, während der andere spricht
Kein Augenkontakt
Mit anderen Dingen beschäftigt sein
Schon fertige Antworten im Kopf haben
Ungeduld
Gereizt reagieren, wenn der andere aufbraust
Behauptungen aufstellen
Nicht auf den konkreten Fall eingehen
Eigene Ungeduld den anderen spüren lassen

Häufige Fehler beim Sprechen...

Sprechen und denken zur gleichen Zeit
Zu lange Sätze
Schachtelsätze, komplizierte Sätze
Kein Überblick
Kein logischer Aufbau
Monotones Sprechen
Abstraktes, unanschauliches Sprechen
Unverständliche Worte, Begriffe verwenden
Zuviel auf einmal
Monolog

Abbildung 6: 10 Gebote des guten Zuhörens[114]

---

[114] http://www.charite.de/personalrat/dienst/fehlleit.pdf , Rückkehr- und Fehlzeitengespräche in der Charité – Universitätsmedizin Berlin, Ein Leitfaden für Führungskräfte.

CPSIA information can be obtained
at www.ICGtesting.com
Printed in the USA
BVHW071039260820
587378BV00001B/196

Bibliografische Information der Deutschen Nationalbibliothek:

Die Deutsche Bibliothek verzeichnet diese Publikation in der Deutschen National-
bibliografie; detaillierte bibliografische Daten sind im Internet über http://dnb.d-
nb.de/ abrufbar.

Impressum:

Copyright © 2018 GRIN Verlag
Druck und Bindung: Books on Demand GmbH, Norderstedt Germany
ISBN: 9783668761421

Dieses Buch bei GRIN:

https://www.grin.com/document/434886

Dominik Heger

Internationalisierungsstrategien professioneller Fußballclubs

Fallbeispiel FC Bayern München

GRIN Verlag

GRIN - Your knowledge has value

Der GRIN Verlag publiziert seit 1998 wissenschaftliche Arbeiten von Studenten, Hochschullehrern und anderen Akademikern als eBook und gedrucktes Buch. Die Verlagswebsite www.grin.com ist die ideale Plattform zur Veröffentlichung von Hausarbeiten, Abschlussarbeiten, wissenschaftlichen Aufsätzen, Dissertationen und Fachbüchern.

Besuchen Sie uns im Internet:

http://www.grin.com/

http://www.facebook.com/grincom

http://www.twitter.com/grin_com

Hessische Berufsakademie BA

Hochschulzentrum Frankfurt a. M.

Bachelor-Thesis

im Studiengang Business Administration

zur Erlangung des Abschlusses

Bachelor of Arts (B.A.)

über das Thema

Internationalisierungsstrategien professioneller Fußballclubs

von

Dominik Joel Heger

Abgabedatum   2018-06-12

Inhaltsverzeichnis

Abbildungsverzeichnis

1. Einleitung

1.1 Relevanz des Themas

Die Internationalisierungsentscheidung hat sich in den letzten Jahren zu einem der zentralen Aspekte der strategischen und operativen Managementplanung großer Unternehmen entwickelt. Auch kleine Unternehmen richten ihr Geschäft nach und nach auf die internationalen Herausforderungen aus. Da die Potenziale der nationalen Märkte mittlerweile weitestgehend ausgeschöpft sind, rücken aufstrebende Länder mit unerschlossenen Märkten in den Fokus. Neben der Internationalisierungsentscheidung und der Auswahl der richtigen Zielmärkte nimmt auch die Anpassung des Marketings an die internationalen Rahmenbedingungen eine wichtige Rolle ein. Hierbei geht es vor allem um die Frage, ob die Marketinginstrumente standardisiert oder differenziert werden, um wirtschaftliche Erfolge verzeichnen zu können.

Auch im Sportmanagement werden Internationalisierungsbestreben nach und nach ersichtlich. Fußballclubs entwickeln sich von Vereinen zu Wirtschaftssubjekten, die analog zu klassischen gewinnorientierten Unternehmen die Marktpotenziale nutzen wollen. Hierbei geht es neben dem Erzielen von Umsatzerlösen um die Steigerung der internationalen Markenbekanntheit und um das Abschließen von Kooperationen mit regionalen, sowie internationalen Partnern. Karl-Heinz Rummenigge, Vorstandsvorsitzender des FC Bayern München, sagte in einem Interview, dass die Internationalisierung mittlerweile alternativlos sei.[1]

1.2 Zielsetzung der Arbeit

Im Rahmen dieser wissenschaftlichen Arbeit wird zunächst der theoretische Bezugsrahmen der Internationalisierungsentscheidung absteckt. Dabei wird das strategische und operative Marketing an die internationalen Rahmenbedingungen angeglichen und anschließend der prototypische Internationalisierungsprozess von Hollensen untersucht. Da sich die im praktischen Teil untersuchten Wirtschaftssubjekte als Dienstleistungsunternehmen charakterisieren lassen, werden in Folge dessen die Besonderheiten des internationalen Marketings von Dienstleistungsunternehmen analysiert. In Kapitel drei dieser Arbeit wird der theoretische Bezugsrahmen aus dem vorherigen Kapitel vor dem Hintergrund des Sportmarketings und den speziellen Umweltbedingungen von Fußballclubs betrachtet und verschiedene Internationalisierungsstrategien erörtert. Das vierte

---

[1] o.V. (2016), sportal.de.

1

Kapitel impliziert ein Fallbeispiel und die explizite Untersuchung der Internationalisierungsstrategie des erfolgreichsten deutschen Clubs, dem FC Bayern München.

Die Zielsetzung der Arbeit liegt darin, die verschiedenen Internationalisierungsstrategien professioneller Fußballclubs zu examinieren und dabei die Gemeinsamkeiten und Unterschiede herauszuarbeiten. Da die verfügbare wissenschaftliche Literatur zu diesem Themengebiet zum jetzigen Zeitpunkt überschaubar ist, wird die Übertragbarkeit der theoretischen Grundlagen der Internationalisierung auf professionelle Fußballclubs geprüft. Dem Leser soll vermittelt werden, welche Relevanz die Internationalisierung für alle Unternehmen einnimmt und dass sich sogar Fußballclubs dieser Herausforderung stellen müssen. Des Weiteren wird untersucht, inwiefern sich die Marketingmaßnahmen der Fußballclubs in den klassischen Marketing-Mix einordnen lassen. Die verschiedenen Internationalisierungsansätze werden in einer Strategiematrix veranschaulicht.

2. Theoretischer Bezugsrahmen

2.1 Grundbegriff der Internationalisierung

Die Internationalisierung von Unternehmen wird heutzutage nicht nur den Global Playern zu Teil, sondern hat sich auch bei kleinen und mittelständischen Unternehmen zu einem Eckpunkt der strategischen und operativen Managementplanung entwickelt.[2] Insbesondere in den Industrienationen wie Deutschland und den USA sind internationale Verflechtungen die Regel. Selbst auf den Heimatmärkten werden Unternehmen mit internationalen Wettbewerbern und Nachfragern konfrontiert.[3] Die Bezeichnung „Internationalisierung" wird in der Fachliteratur differenziert determiniert. Pausenberger, ein Professor der Wirtschaftswissenschaften, bezeichnet diese als Integration eines Unternehmens in einen ausländischen Markt, was durch die Aufnahme einer Produktionstätigkeit geschieht.[4] Durch diese Definition werden jegliche Art von Dienstleistungen vom Prozess der Internationalisierung ausgenommen.

Scherm und Süß, ebenfalls Professoren der Betriebswirtschaftslehre, hingegen definieren die Internationalisierung als die Aufnahme von grenzüberschreitenden Unternehmenstätigkeiten.[5] Allgemein lassen sich alle internationalen Tätigkeiten von Unternehmen dem Prozess der Internationalisierung zuordnen.[6] Die Ursprünge der Internationalisierung lassen sich bis in den Alten Orient zurückführen, wo Stützpunkte außerhalb des Stadtgebietes als Basis für den Fernhandel galten.[7] Der wesentliche Grund der Unternehmen, ihre Aktivitäten ins Ausland zu verlagern, liegt in der Stagnation der heimischen Märkte. Ein Wachstum lässt sich nur durch einen Verdrängungswettbewerb von den Konkurrenten realisieren. Die Internationalisierung ermöglicht den Unternehmen durch die Erschließung neuer Märkte diesen Verdrängungswettbewerb zu umgehen und Wachstumschancen zu nutzen.[8]

Durch die zunehmende Digitalisierung von Informations- und Kommunikationstechniken bieten sich für Unternehmen ganz neue Möglichkeiten international zu agieren. Diese können, trotz räumlicher Entfernung, in ständigen und direkten Kontakt mit bestehenden und potenziellen Kunden stehen. Produkte werden weltweit vertrieben und

---

[2] Vgl. Meffert, H. /Bolz, J. (1998), S.15.
[3] Vgl. Meffert, H. et al. (2010), S.17ff.
[4] Vgl. Pausenberger, E. (1994), S.200.
[5] Vgl. Scherm, E. / Süß, S. (2001) S.6.
[6] Vgl. Dehnen, H. (2012) S.8.
[7] Vgl. Moore, K. /Lewis, D. (1998), S.18
[8] Vgl. Gollwitzer, M. / Karl, R. (1998), S.13

3

durch Online-Warenhäuser, wie Amazon oder Ebay können selbst kleine Unternehmen ihre Güter auf der gesamten Welt zum Kauf anbieten. Die vielen verschiedenen nationalen Märkte haben sich zu einem großen globalen Markt entwickelt.[9]

Nach Kutschker und Schmid lassen sich die generellen Internationalisierungsziele in vier Motive systematisieren:

- **Beschaffungsorientierte Motive** implizieren den Zugang zu Ressourcen, unabhängig davon, ob diese natürlich, menschlich oder finanziell sind. (z.B. günstigerer Rohstoffimport)
- **Absatzorientierte Motive** beziehen sich auf den erfolgreichen Zugang zu einem Markt, welcher durch Vertriebs- und Produktionsniederlassungen erschlossen werden soll. (z.B. regionale Vertriebspartner)
- **Effizienzorientierte Motive** zielen darauf ab, Einsparungen im Unternehmen zu realisieren. (z.B. Prozesskosten minimieren)
- **Strategische Motive** beinhalten den Zugang zu Forschung oder die Erweiterung des Vertriebsnetzwerkes durch den Aufbau neuer Kontakte.[10]

Da sich die Motive in ihrer strategischen Ausrichtung überschneiden können, lassen sich die verschiedenen Internationalisierungsstrategien von Unternehmen nicht eindeutige den Motiven zuordnen.[11] Als neue internationale Absatzmärkte bieten sich vor allem Schwellenländer, mit schnell wachsenden Volkswirtschaften an. Insbesondere die BRIC-Länder (Brasilien, Russland, Indien und China) sind in den Fokus der Internationalisierung geraten. Eine große Bevölkerung und weitgehend unerschlossene Märkte bieten enormes Potenzial für international tätige Unternehmen, Umsätze zu realisieren. Sie werden von vielen Unternehmen als „Rettungsanker" des Wachstums bezeichnet.[12]

Eine Erhebung des IMF zu den Bruttoinlandsprodukten (BIP) in den BRIC-Staaten verdeutlicht das rasante Wachstum dieser Länder. Im Jahre 2007 betrug das BIP aller vier Staaten zusammen circa 7,6 Billionen USD. Im Jahr 2017 waren es rund 17,93 Billionen USD. Besonders auffällig ist die Entwicklung des BIPs in China. Von 3,57 Billionen USD im Jahr 2007 stieg es auf circa 11,93 Billionen USD im Jahr 2017 an.[13]

---

[9] Vgl. Bruhn,M. /Hardwich, K. (2017), S. 12ff.
[10] Vgl. Kutschker, M. /Schmid, S. (2008), S.89ff.
[11] Vgl. Marcharzina, K. /Wolf, J. (2005), S. 928.
[12] Vgl. Keegan, W./ Green, M. (2008), S.40.
[13] Vgl. IMF, n.d.

4

2.2 Definition Internationales Marketing

Internationales Marketing lässt sich als Teil der Internationalisierungsstrategie von Unternehmen charakterisieren. Internationales Marketing impliziert hierbei insbesondere die Entwicklung einer Marketingstrategie für die Zielmärkte, beziehungsweise der strategischen Entscheidungsfindung zwischen Standardisierung und Differenzierung.[14] Neben dem reinen Waren- und Dienstleistungsexport umfasst das internationale Marketing auch die Verlagerung von Produktions- und Managementaufgaben ins Ausland. Das grundlegende Ziel des internationalen Marketings ist, die Kundenbedürfnisse des jeweiligen Landes sowie die eigenen Unternehmensziele, zu realisieren.[15]

Der Beginn des internationalen Marketings liegt bereits in den 1960er Jahren. Eine besondere Wichtigkeit erlangt es ab den 1980er Jahren im Zuge der Globalisierung. Die Entwicklung des internationalen Marketings lässt sich in zwei Entwicklungsphasen unterscheiden. Die frühere Phase konzentrierte sich auf den Vergleich verschiedener Länder („cross-national") und Kulturen („cross-cultural"). Die zweite Phase, beginnend 1990, sieht das internationale Marketing nicht mehr als einen isolierten Vergleich zweier Länder, sondern vielmehr als „Multi-Länder-Perspektive".[16]

Internationales Marketing kann definiert werden als Planung und Gestaltung von Maßnahmen, welche den Austausch eines Unternehmens mit den Auslandsmärkten realisieren sollen, um vorgegebene Unternehmensziele zu erreichen.[17]

Um das internationale vom nationalen Marketing abzugrenzen, lassen sich eine Reihe von Charakteristika hervorheben:

- Bearbeitung von mehreren Ländermärkten.
- Erschwerte Informationsbeschaffung.
- Länderübergreifende Koordination der Entscheidungen.
- Hohe Komplexität der Marketingentscheidungen aufgrund der Heterogenität der Märkte.

Generell lassen sich die nationalen Marketinginstrumente auch auf die internationalen Märkte übertragen. Entscheidend ist hierbei vor allem, dass diese an kulturelle und länderspezifische Umweltbedingungen angepasst werden.[18]

---

[14] Vgl. Sternad, D. (2013), S. 125.
[15] Vgl. Zentes, J./ Swoboda, B. (2001), S.156.
[16] Vgl. Meffert, H. et al. (2010), S.33.
[17] Vgl. Berndt, R. et al. (2016), S.9.

5

2.3. Internationales strategisches Marketing

Im folgenden Kapitel werden die drei Dimensionen des internationalen strategischen Marketings aus dem Buch „Internationales Marketing Management" von Meffert, Burmann und Becker beschrieben. Diese sind die Bedeutung der Marke, die Marktsegmentierung, sowie die Markteintritts- und Marktbearbeitungsstrategie. Die Kernaussage dieses Kapitels ist, welche strategischen Dimensionen für Unternehmen bei ihrer Internationalisierungsentscheidung relevant sind und inwiefern diese Dimensionen standardisiert oder differenziert werden können.

2.3.1 Bedeutung der Marke

Die Bedeutung der Marke hat besonders im internationalen Marketing eine wichtige Rolle eingenommen. Da sie den zentralen Bezugspunkt für alle Nachfrager darstellt, ist eine hohe Bekanntheit und eine positive Assoziation mit der Marke einer der „key success factors" für Unternehmen. Die Marke soll den Nachfragern auf internationalen Märkten Orientierung bieten und Vertrauen schaffen.[19]

Die Bedeutung der Marke wird aus zwei Perspektiven betrachtet. Aus der Anbieterperspektive existiert die Markenidentität, welche die wesensprägenden Merkmale der Marke zum Ausdruck bringt. Die Markenidentität muss deshalb intern geklärt werden, bevor diese mit externen Markenzielgruppen interagiert und einen kaufverhaltensrelevanten Nachfragenutzen bietet. Aus der Perspektive der Nachfrage wirkt sich das Markenimage auf das Nachfrageverhalten der Kunden aus. Dieses lässt sich als das Ergebnis der individuellen, subjektiven Wahrnehmung aller von der Marke ausgehenden Signale definieren.[20] Auf das Markenimage wirken eine Reihe von Faktoren ein. Zum einen hat die Markenherkunft einen Einfluss auf das Markenimage. Als Herkunftsland kann entweder das tatsächliche Ursprungsland der Marke oder das kommunizierte Ursprungsland angesehen werden. Unternehmen, deren Hauptsitz in Ländern mit besonders positiven Assoziationen, zum Beispiel die Verbindung zwischen Qualitätsprodukten und Deutschland, liegt, haben hier Vorteile. Aus der Sicht deutscher Unternehmen ist das Gütesiegel „Made in Germany" für das Image im Ausland besonders relevant. Der sogenannte „Country of Origin-Effekt" lässt die Nachfrager aufgrund der positiven Assoziation mit dem Herkunftsland auf Produkteigenschaften schließen. Daher integrieren es viele deutsche Unternehmen in ihr Marketing, um ein positives Markenimage aufzubau-

---

[18] Vgl. Wißmeier, U. (1992), S.44 ff.
[19] Vgl. Meffert, H. et al. (2008), S.349.
[20] Vgl. Meffert, H. et al. (2010), S.75.

en.[21] Besonders im Falle eines geringen Kenntnisstandes über das Produkt nutzen Nachfrager das „Country of Origin-Image" als Qualitätsindikator. Ferner kann auch der Entwicklungsstand der Volkswirtschaft einen Einfluss auf das Markenimage haben. In ökonomisch weiter entwickelten Märkten erhöht sich die Kaufwahrscheinlichkeit bei einem größeren symbolischen Markennutzen. Bei den Nachfragern besteht ein umfangreicheres Markenwissen, was zu einer größeren Ausdifferenzierung führt.[22]

Für Unternehmen bieten sich bei der internationalen Markenführung grundsätzlich zwei Strategiealternativen. Auf der einen Seite gibt es die globale Markenstrategie, bei welcher ein standardisiertes Markenkonzept zugrunde liegt. Markennamen und -zeichen sind weltweit identisch. Diese Strategie findet in der Regel Anwendung bei homogenen Produkten. Dazu zählen standardisierte Dienstleistungen (McDonald's), High-Tech-Produkte (Microsoft) und nicht kulturgebundene Güter (Coca-Cola). Der wesentliche Vorteil für Unternehmen liegt bei dieser Strategie darin, dass durch die standardisierte Entwicklung eines Marketingkonzeptes hohe Kostenersparnisse erzielt werden können.[23]

Auf der anderen Seite bietet sich für Unternehmen die Möglichkeit einer lokalen Markenstrategie. Hierbei wird das Markenkonzept jeweils an die länderspezifischen Bedürfnisse der Konsumenten angepasst.[24] Markennamen und Markenzeichen sind von Land zu Land verschieden. Diese Strategie wird bei kurzlebigen Konsumprodukten, wie Nahrungs- oder Reinigungsmittel, besonders verstärkt eingesetzt. Hierbei soll keine länderübergreifende Beziehung des Nachfragers zum Produkt aufgebaut werden. Der wesentliche Vorteil liegt bei der Erzielung von Wettbewerbsvorteilen durch lokale Anpassung.[25]

2.3.2 Marktsegmentierung

Die Marktsegmentierung im internationalen Marketing umfasst, ebenso wie im nationalen Marketing, zum einen die Auswahl der geeigneten Ländermärkte (Segmente) und die Erschließung dieser Märkte mit einer konkreten Marktbearbeitungsstrategie.[26] Es werden zwei grundsätzliche Strategien unterschieden.

---

[21] Vgl. Meffert, H. et al. (2010), S.84.
[22] Vgl. ebd., S.98.
[23] Vgl. Meffert, H. et al. (2002), S.160.
[24] Vgl. Benkenstein, M. (2001), S.147.
[25] Vgl. Meffert, H. (2000), S.874.
[26] Vgl. Meffert, H. et al. (2008), S.182 ff.

Einerseits gibt es die sogenannte internationale Marktsegmentierung. Bei diesem mehr-
stufigen Verfahren werden zuerst erfolgsversprechende Länder ausgewählt, anschließend die Nachfrager segmentiert und eventuell noch länderübergreifende Segmente
gebildet. Bei dieser Strategie wird die Unterschiedlichkeit der Ländermärkte betont. Die
Strategie der internationalen Marktsegmentierung versucht im ersten Schritt Länder
auszuschließen, welche nicht erfolgsversprechend erscheinen, um Kosten im zweiten
Erhebungsschritt zu minimieren. Meffert und Bolz legten 1998 sechs Kriterien fest, die
bei dieser Vorauswahl zum Einsatz kommen:

- **Ökonomische Segmentierungsvariablen** sind wirtschaftliche Kennziffern des
  Landes, also zum Beispiel das BIP oder die Höhe der Konsumausgaben.

- **Soziodemographische Segmentierungsvariablen** liefern Informationen über
  gesellschaftliche Strukturen, zum Beispiel Altersverteilung und Geburtenrate.

- **Politisch-rechtliche Segmentierungsvariablen** geben Aufschluss über die Stabilität eines Landes, die rechtlichen Bedingungen und eventuelle Markteintritts-
  barrieren.

- **Geographische Segmentierungsvariablen** umfassen die geographischen Bedingungen eines Landes. Hierzu zählen beispielsweise das Klima und die Infra-
  struktur.

- **Technologische Segmentierungsvariablen** meinen den technologischen Entwicklungsstand eines Landes. Dieser ist wichtig für die Ausgestaltung der
  Kommunikationsstrategie und kann von Land zu Land deutliche Unterschiede
  aufweisen.

- **Kulturelle Segmentierungsvariablen** spielen eine sehr wichtige Rolle in der
  Auswahl der Ländersegmente. Es muss geprüft werden, ob die Produkte mit den
  kulturellen Gegebenheiten im Einklang stehen.[27]

Im Rahmen der anschließend erfolgenden Feinauswahl sind besonders ökonomische
Kriterien zu bewerten. Hierbei wird nicht nur die Absatzperspektive betrachtet, sondern
vor allem auch die Kostenseite. Entscheidend ist, wie sich der Return on Invest bezogen
auf den Markteintritt verhält. Allerdings ist die Entscheidung für oder gegen einen
Markteintritt auch immer eine subjektive Entscheidung des Managements.[28]

---

[27] Vgl. Meffert, H. /Bolz, J. (1998), S.110 ff.
[28] Vgl. Meffert, H. /Bolz, J. (1998), S.287 ff.

Andererseits existiert die integrale Marktsegmentierung. Diese Strategie betrachtet die Welt als homogenen Gesamtmarkt und versucht weltweit gültige Zielgruppen zu finden. Diese Strategie zielt auf ein standardisiertes Marketing.[29] Bei der integralen Marktsegmentierung werden die Nachfrager direkt über die Ländergrenzen hinweg segmentiert. Als Basis dieser Segmentierung wird meistens eine persönlichkeitsorientierte Segmentierung nach Lebensstilen durchgeführt. Lebensstile enthalten konkrete Verhaltensmuster und persönliche Wertevorstellungen. Es werden eine bestimmte Anzahl von weltweit existierenden Lebensstilsegmenten gebildet und diese mit entsprechenden Konsummustern verknüpft. Allerdings wird die Lebensstilforschung aufgrund ihrer geringen Aussagekraft über das Konsumverhalten kritisiert.[30] Bei der integralen Marktsegmentierung erfolgt wie bei der internationalen Marktsegmentierung ein zweistufiges Verfahren, da nicht alle Länder in die Analyse einbezogen und bearbeitet werden. Bei dieser Strategie wird zuerst die Zielgruppe und anschließend die Zielländer identifiziert, während bei der internationalen Marktsegmentierung die Identifikation potenzieller Zielländer im zweiten Schritt erfolgt.[31]

Die beiden Marktsegmentierungsstrategien im internationalen strategische Marketing unterscheiden sich wesentlich im Hinblick auf ihre Komplexität und ihre strategische Grundausrichtung. Die internationale Marktsegmentierung ist die gängige Strategie, bietet sich aufgrund ihrer geringeren Komplexität für den Anfang des Internationalisierungsprozesses an und eignet sich für eine differenzierte Marktbearbeitung. Währenddessen bietet sich die integrale Marktsegmentierung für internationale Unternehmen, die eine globale Marketingstrategie verfolgen und bereits fortgeschritten in ihrem Internationalisierungsprozess sind, an.[32]

2.3.3 Markteintritts- und Marktbearbeitungsstrategien

Es existieren eine Reihe von Markteintritts- und Marktbearbeitungsstrategien. Im Folgenden werden vier Optionen näher erläutert:

- Export
- Lizensierung
- Joint Ventures
- Strategische Allianz

---

[29] Vgl. ebd.
[30] Vgl. Meffert, H. et al. (2010), S.171ff.
[31] Vgl. Meffert, H. et al. (2008), S.179.
[32] Vgl. Meffert, H. et al. (2010), 173 ff.

Die erste dieser vier Optionen, in den Markt einzutreten, ist der Export. Dieser hat besonders in Deutschland eine sehr hohe Bedeutung und stellt für mittelständische Unternehmen meistens die einzige Alternative zu Beginn der Internationalisierung dar. Der Export kann in zwei verschiedenen Formen auftreten. Zum einen gibt es den direkten Export, bei welchem der Export ohne Zwischenhändler direkt vom Hersteller zum Verbraucher erfolgt und zum anderen den indirekten Export, bei welchem Absatzmittler zwischengeschaltet werden. Der indirekte Export ist die einfachste und risikoärmste Form einer Ländermarktbearbeitung. Die wesentlichen Vorteile sind die geringen finanziellen und personellen Ressourcenanforderungen. Außerdem überträgt der Hersteller sein Absatzrisiko auf den Absatzmittler und kann sich, ohne große organisatorische Komplexität, wieder aus dem Exportgeschäft zurückziehen. Die Nachteile liegen darin, dass nicht alle Produkte oder Dienstleistungen zum indirekten Export geeignet sind und dass der Exporteur keinen direkten Kundenkontakt in diesen Ländern hat. [33]

Der direkte Export erfolgt über eigene Vertriebsorgane im Ausland. Diese Exportform setzt eine Investition des Anbieters voraus. Diese birgt natürlich auch ein höheres Risiko als der indirekte Vertrieb, bietet dem Anbieter allerdings auch eine größere Marktnähe und Kostenersparnisse bei wachsendem Absatz. In Zeiten der Digitalisierung bietet sich für Unternehmen die Möglichkeit des direkten Exports über Online-Shops. Diese Exportform birgt ein überschaubares Risiko, eine große Marktnähe und kann ohne großartige zusätzliche Kosten realisiert werden. Online-Vertrieb eignet sich allerdings nicht für alle Produkte, wie zum Beispiel Luxus- oder erklärungsbedürftige Güter. Während beim direkten Vertrieb Differenzierungs- und Standardisierungsvorteile gut realisiert werden können, lassen sich diese beim indirekten Vertrieb nur schwer umsetzen. [34]

Die zweite strategische Option ist die Lizensierung, also die Vergabe von Lizenzen an einen Lizenznehmer, welche immer an Bedingungen, z.B. Designvorschriften, geknüpft ist. Es gibt Herstellungslizenzen, Vertriebslizenzen und Gebrauchslizenzen, für welche der Lizenzgeber entweder eine Pauschallizenzgebühr oder laufende Lizenzgebühren in Form von variablen Zahlungen erhält. [35]

Eine weitere Form des Markteintritts stellen Joint Ventures dar. Bei dieser Form entsteht aus der Kooperation zweier Unternehmen ein neues Unternehmen mit eigener

---

[33] Vgl. Meffert, H. et al. (2010), S.180.
[34] Vgl. ebd., S.181.
[35] Vgl. Kutschker, M. /Schmid, S. (2008), S.867.

Rechtspersönlichkeit.[36] In Ländern, die Importverbote verhängt haben, sind Joint Ventures, neben Lizensierung, oft die einzig mögliche Form des Markteintritts.[37] Sie erfordern einen hohen finanziellen und personellen Ressourcenaufwand, können aber aufgrund der Nähe zum Endabnehmer eine vielversprechende Option sein. Viele Joint Ventures entstehen als Vorstufe zu eigenen Tochterunternehmen und werden nach einem erfolgreichen Markteintritt wieder aufgelöst.[38]

Eine weitere Kooperationsform im internationalen Marketing sind strategische Allianzen. Es entsteht ein Netzwerk von Unternehmen, ohne ein Gemeinschaftsunternehmen zu gründen. Dadurch sollen Kosten eingespart werden und durch die Abstimmung untereinander eine bessere Marktbearbeitung möglich sein. Die strategische Allianz erfordert einen geringeren Ressourcenaufwand als Joint Ventures und bietet eine höhere Flexibilität. Die erschwerte Abstimmung unter den Unternehmen kann ein Hindernis des Erfolgs sein.[39]

Meffert, Burmann und Becker betonen, dass eine Kombination der verschiedenen Markteintrittsformen durchaus auch eine Option für die Unternehmen ist. Diese Option bedingt allerdings einen zusätzlichen strategischen Aufwand und eine hohe Kontrolle. Es ist zu prüfen, ob die Formen sich nicht gegenseitig blockieren.

Neben der Form des Markteintritts ist der Markteintrittszeitpunkt der zweite wichtige Einflussfaktor für den Unternehmenserfolg.[40] Dieser kann gleichzeitig auf mehreren Märkten erfolgen oder nacheinander. Man unterscheidet zwischen Sprinkler- und Wasserfallstrategie.[41]

Die Sprinklerstrategie impliziert eine simultane Erschließung der Ländermärkte und setzt ein standardisiertes Marketing voraus. Der schnelle Rückzug aus erfolglosen Ländern ist Teil der Strategie. Das Gegenteil zu dieser Strategie bildet die Wasserfallstrategie. Hierbei werden die einzelnen Ländermärkte nach und nach erschlossen und mit einer eigens entwickelten Strategie bearbeitet. Misserfolge sollen vermieden werden.

---

[36] Vgl. Meffert, H. et al. (2010), S. 185.
[37] Vgl. Onkvisit, S. /Shaw, J. (2009), S.302.
[38] Vgl. Meffert, H. et al. (2010), S. 185.
[39] Vgl. ebd., S.186 ff.
[40] Vgl. Holtbrügge, D. /Puck, J. (2008), S.125 ff.
[41] Vgl. Meffert, H. et al. (2010), S.192.

Vorreiterunternehmen (Pioniere) verwenden vorwiegend die Wasserfallstrategie, während Folger die Sprinklerstrategie wählen.[42]

Der Erfolg des Markteintritts und der Marktbearbeitung im Internationalisierungsprozess beruht auf sieben Faktoren:

- Wahl der organisatorischen Form des Markteintritts.
- Richtiges Timing beim Markteintritt.
- Die Größe des Unternehmens ist relevant für die Wahl der Strategie.
- Die nationalökonomische Distanz zum Heimatland.
- Die kulturelle Distanz wirkt sich auf das Verständnis der Nachfrager und auf die Kooperation mit lokalen Unternehmen aus.
- Das politische, ökonomische und finanzielle Risiko eines Landes.
- Die Offenheit des Landes gegenüber ausländischen Unternehmen und Investitionen.[43]

2.4. Internationales operatives Marketing

Im folgenden Kapitel werden die vier Marketinginstrumente des klassischen Marketings, entwickelt von Jerome McCarthy im Jahr 1960, erklärt und hinsichtlich ihres Standardisierungs- und Differenzierungspotenzials untersucht.

2.4.1 Internationale Produktpolitik

Die Produktpolitik zählt zu den vier zentralen Parametern im internationalen operativen Marketing. Sie umfasst alle Entscheidungen, welche sich auf die vom Unternehmen angebotenen Leistungen bezieht.[44] Ein Produkt meint ein Bündel technisch-funktionaler Eigenschaften.[45] Der Nutzen eines Produktes lässt sich in drei verschiedene Nutzenkategorien einteilen. Die Grundlage bildet hierbei immer der Grundnutzen. Damit sich ein Produkt für die Internationalisierung eignet, muss dieser Nutzen auch auf den intendierten Ländermarkt übertragbar sein. Die Übertragbarkeit des Nutzens setzt das Vorhandensein spezieller technischer Voraussetzungen oder spezifischer Ressourcen voraus, damit das Produkt überhaupt genutzt werden kann. Beispielsweise muss für die Nutzung einer Waschmaschine ein Strom- und Wasseranschluss verfügbar sein.

---

[42] Vgl. Meffert, H. et al. (2010), S.192.
[43] Vgl. Johnson, J. /Tellis, G. (2009), S.9.
[44] Vgl. Meffert, H. et al. (2010), S.198 ff.
[45] Vgl. Meffert, H. et al. (2008), S.399.

Der Zusatznutzen baut auf dem Grundnutzen auf und lässt sich in den Erbauungsnutzen und den Geltungsnutzen unterteilen. Unter dem Erbauungsnutzen versteht man die Bedürfnisbefriedigung durch die ästhetischen Eigenschaften eines Produktes. Hierzu zählen zum Beispiel die Farbe und Form des Produktes. Diese Eigenschaften werden stark von kulturellen Einflüssen geprägt und bedürfen deshalb einer länderspezifischen Anpassung. Der Geltungsnutzen beschreibt die soziale Wirkung eines Produktes und inkludiert den Besitz spezifischer Produkte als Statussymbol, zum Beispiel das Tragen spezieller Fußballtrikots. Die dritte Nutzenkategorie sind die sogenannten Produktzusatzleistungen. Hierunter versteht man den Kundenservice, welcher das Unternehmen über sein Produkt hinaus anbietet. Dass die Anforderungen an diese Zusatzleistungen von Land zu Land sehr unterschiedlich sein können, sollte in der Produktpolitik berücksichtigt werden.[46]

Mit einer steigenden Anzahl an bearbeiteten Ländermärkten steigt auch die Komplexität der Produktpolitik und somit auch die Anforderungen an das Management. International agierende Unternehmen haben günstige Voraussetzungen bei der Gewinnung von Ideen für Neuprodukte, da sie eine große Zahl an Informationsquellen und direkten Kontakt mit den Märkten haben.[47]

Die Produktpolitik gilt als das am stärksten standardisierte Marketinginstrument. Allerdings bedarf es trotz dessen zahlreicher Produktanpassungen. Während der Grundnutzen eines Produktes meist unverändert übertragen wird, muss der Zusatznutzen an die kulturellen und soziodemographischen Gegebenheiten eines Landes angepasst werden.[48]

Bei der Produktpolitik muss entscheiden werden, ob eine Standardisierung oder Differenzierung in Betracht kommt. Ein mögliches Entscheidungskriterium ist, ob durch eine Standardisierung ausreichend große Skaleneffekte realisiert werden können. Oftmals können Erfolgspotenziale bei der Standardisierung der Produktpolitik nicht voll ausgeschöpft werden.[49]

---

[46] Vgl. Meffert, H. et al. (2010), S.209.
[47] Vgl. ebd., S.210 ff.
[48] Vgl. Powers, T. /Loyka J. (2010), S.73.
[49] Vgl. Meffert, H. et al. (2010), S. 208.

2.4.2 Internationale Distributionspolitik

Die Distributionspolitik umfasst alle Entscheidungen, die die Verteilung von materiellen und/oder immateriellen Gütern vom Hersteller zum Endverbraucher betrifft.[50] Hierbei geht es im Wesentlichen um die Wahl und Gestaltung der Absatzkanäle, sowie der Marketinglogistik. Im Vergleich zum nationalen Marketing erhöht sich die Komplexität auf internationaler Ebene aufgrund der räumlichen Trennung und der rechtlichen Bedingungen. Bei der internationalen Distributionspolitik sind folgende Besonderheiten zu berücksichtigen:

- Die Vertriebskosten hängen von diversen Faktoren, wie zum Beispiel dem Know-How der Handelspartner ab.
- Ein hoher Distributionsgrad ist einer der Erfolgsfaktoren.
- Das Image des Absatzkanals sollte bei der Wahl berücksichtigt werden.
- Die Kooperationsbereitschaft der Handelspartner.
- Aufbaudauer und Flexibilität der Absatzkanäle.
- Beeinflussbarkeit und Kontrollierbarkeit des Absatzkanals [51]

Bei der richtigen Auswahl der Absatzkanäle müssen Unternehmen besonders auf die länderspezifischen Besonderheiten achten. Aufgrund der extremen strukturellen Unterschiede, vor allem in Schwellen- und Entwicklungsländern, muss die Distributionspolitik in den meisten Fällen individuell entwickelt werden, was zu sehr hohen Kosten führen kann. Durch die Internationalisierung des Handels kann sich für Unternehmen die Chance eröffnen, mit vertrauten Absatzmittlern auf neuen Märkten zu agieren.[52] Die internationale Marketinglogistik muss den jeweiligen Anforderungen entsprechen und erhöht sich in ihrer Komplexität aufgrund der politisch-rechtlichen Faktoren, der Verkehrsinfrastruktur und der IT-Infrastruktur.[53]

Die Standardisierung der Distributionspolitik bezieht sich auf die einheitliche Gestaltung der Absatzkanäle. Die grundlegende Absatzkanalstruktur sollte international standardisiert werden, um Konflikte in der Markenidentität zu verhindern. Ein solcher Konflikt könnte entstehen, wenn das Produkt in Land A von einem Discounter vertrieben wird und in Land B von einem Hochpreisgeschäft. Weisen die avisierten Zielmärkte

---

[50] Vgl. Meffert, H. et al. (2008), S.562.
[51] Vgl. Meffert, H. et al. (2010), S.214.
[52] Vgl. ebd., S.215.
[53] Vgl. Perlitz, M. (2004), S. 353 ff.

große Unterschiede auf, so sind die Möglichkeiten der Standardisierung erheblich eingeschränkt, da sich dann auch die potenziellen Absatzkanäle und die damit verbundenen Rahmenbedingungen stark unterscheiden.[54]

2.4.3 Internationale Preispolitik

Die Maßnahmen der internationalen Preispolitik umfassen alle vertraglichen Vereinbarungen bezüglich der Lieferkonditionen, der Zahlungen und der Gewährung von Rabatten, sowie der internationalen Preisabstimmung in allen Ländermärkten.[55] Preisentscheidungen benötigen so gut wie keine Vorabinvestitionen und lassen sich kurzfristig realisieren. Sie haben allerdings einen hohen Wirkungsgrad, lassen sich schwer revidieren und werden zunehmend transparent.[56]

Folgende Faktoren haben Einfluss auf die Entscheidungen bezüglich der internationalen Preispolitik:

- National unterschiedliches Nachfrageverhalten.
- Nationale Unterschiede im Wettbewerb.
- Landesspezifische Kostenstrukturen.
- Unterschiedliche Inflationsraten.
- Internationale Markenstrategie.
- Staatliche Einflüsse.
- Parallelimporte aufgrund der Ausnutzung der Preisdifferenzen. [57]

Eine zu starke Standardisierung in der internationalen Preispolitik sollte von Unternehmen nicht vorgenommen werden, da Preise an nationale Gegebenheiten angepasst werden sollten, um die größtmögliche Gewinnspanne realisieren zu können. Allerdings birgt eine zu starke Preisdifferenzierung das Risiko, dass Parallelimporte betrieben werden. Außerdem kann das Markenimage darunter leiden. Das Ziel der internationalen Preispolitik sollte sein, den Mittelweg zwischen Standardisierung und zu starker Preisdifferenzierung zu finden. Eine besondere Herausforderung in der internationalen Preispolitik stellt die Gestaltung in Entwicklungs- und Schwellenländern dar, denn aufgrund des Risikos von Parallelimporten können die Preise bei bestimmten Gütern nicht so ge-

---

[54] Vgl. Meffert, H. et al. (2010), S.203.
[55] Vgl. Meffert, H. et al. (2008), S.478.
[56] Vgl. Meffert, H. et al. (2010), S.221 ff.
[57] Vgl. Simon, H. /Fassnacht, M. (2008), S.538.

senkt werden, dass sich Teile der Bevölkerung diese leisten können. Je ähnlicher sich Ländermärkte sind, desto eher lassen sich die Preise standardisieren. Je größer die Unterscheide der einzelnen Märkte sind, desto relevanter wird die Beachtung von rechtlichen und politischen Faktoren bei der Preisgestaltung.[58]

2.4.4 Internationale Kommunikationspolitik

Die internationale Kommunikationspolitik impliziert die Gestaltung von Informationen, welche das Unternehmen nach außen kommuniziert, mit dem Ziel, die relevanten Zielgruppen in ihrer Kaufverhaltensentscheidung zu beeinflussen. Typische Instrumente der Kommunikationspolitik sind klassische Werbung, Public Relations, sowie Messen und Sponsoring.[59] Das wesentliche Ziel ist die Kommunikation der Markenidentität und des Markenversprechens. Da die Ländermärkte alle über unterschiedliche Kenntnisse und Einstellungen gegenüber einer Marke verfügen, muss das Ausgangsniveau des Landes bei der Planung von Zielen und Maßnahmen berücksichtigt werden. Folgende nationale Gegebenheiten müssen beachtet werden:

- Rechtliche Beschränkungen.
- Sozio-demographische Merkmale des Marktes.
- Kulturelle und sprachliche Gegebenheiten.
- Art, Verfügbarkeit und Stellenwert von Medien.[60]

Die Sprachkenntnisse und das Sprachverständnis stehen im unmittelbaren Einfluss auf die Verständlichkeit der Kommunikationspolitik. Hierbei kann es leicht zu Missverständnissen kommen. Auch durch die Verwendung der englischen Sprache können diese Probleme nicht zwingend umgangen werden, da vor allem die Märkte in Entwicklungs- und Schwellenländern noch keine ausreichenden Sprachkenntnisse vorweisen können. Hierbei kann vor allem der Einsatz von Native Speakern ein wichtiger Aspekt bei der Entwicklung der Kommunikationsinstrumente sein. Weiterhin eignen sich in der internationalen Kommunikationspolitik insbesondere Bilder als Gestaltungselement, da so die sprachlichen Barrieren umgangen werden können. Ebenfalls sollte bei der Farbgestaltung auf die kulturellen Unterschiede und die jeweiligen Assoziationen mit einer Farbe geachtet werden.[61]

---

[58] Vgl. Meffert, H. et al. (2010), S.224.
[59] Vgl. Meffert, H. et al. (2008), S. 632.
[60] Vgl. Meffert, H. et al. (2010), S.224 ff.
[61] Vgl. ebd.

Das Standardisierungspotential der Kommunikationspolitik hängt von der Positionierung einer Marke ab. Ist dieses Image einheitlich positioniert, so ist es sinnvoll eine standardisierte Kommunikationspolitik zum Aufbau eines international konsistenten Markenimages zu nutzen. Dadurch lassen sich enorme Kosteneinsparungen realisieren. Sollte eine standardisierte Kommunikationspolitik nicht umsetzbar sein, ist eine Differenzierung nötig, um Missverständnisse und Fehlinterpretationen zu vermeiden. Dies kann zu irreparablen Schäden des Markenimages führen.[62]

2.5. Prototypischer Internationalisierungsprozess

Svend Hollensen beschreibt in seinem Buch „Global Marketing" aus dem Jahr 2007 einen 5-stufigen Internationalisierungsprozess, den Unternehmen bei der Umsetzung ihrer Internationalisierungsentscheidung beachten sollten, um möglichst erfolgreich zu sein.

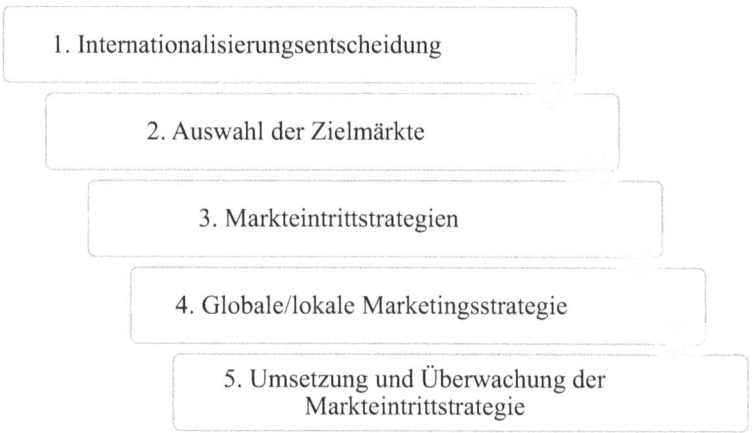

1. Internationalisierungsentscheidung

2. Auswahl der Zielmärkte

3. Markteintrittstrategien

4. Globale/lokale Marketingsstrategie

5. Umsetzung und Überwachung der Markteintrittstrategie

Abbildung 1: Prototypischer Internationalisierungsprozess
In Anlehnung an Hollensen, S. (2007), S. 150.

2.5.1 Die Internationalisierungsentscheidung

Um bei der Internationalisierungsentscheidung eine fundierte theoretische Grundlage zu haben, nennt Hollensen drei verschiedene Modelle, um Unternehmen vorab einen Überblick zur Attraktivität des Marktes und zum Erfolgspotenzial zu geben. Diese sind:

- Branchenstrukturanalyse.

---

[62] Vgl. Meffert, H. et al. (2010), S. 226 ff.

- Diamond of National Advantage.

- Benchmarking.

Die Branchenstrukturanalyse (von Porter entwickelt), auch „five-forces-model" genannt, analysiert die Attraktivität eines Marktes anhand der fünf wesentlichen Wettbewerbskräfte. Diese sind die potenziellen neuen Konkurrenten, die Verhandlungsmacht der Kunden, die Substitutionsprodukte, die Verhandlungsmacht der Lieferanten und die Anzahl der Wettbewerber.[63]

Die nationalen Vorteile der Unternehmen werden mit Hilfe des Diamond of national Advantage model, welches ebenfalls von Porter ist, analysiert. Porter stellte in einer Studie fest, dass neben der Branchenstruktur auch die Bedingungen des Herkunftslandes (Stammbedingungen) eine Auswirkung auf den Erfolg eines Unternehmens auf ausländischen Märkten haben. Aus dieser Studie entstand „The Diamond of National Advantage". Die vier Einflussfaktoren auf den Wettbewerbsvorteil sind, die Faktorbedingungen, die Nachfragebedingungen, die Anzahl der verwandten und unterstützenden Branchen und die Marktstruktur.[64]

Als dritte Entscheidungskomponente nennt Hollensen die Durchführung eines individuellen Benchmarkingprozesses. Beim Benchmarking sucht das Unternehmen, die für sich relevanten Faktoren, untersucht die potenziellen Zielmarkte diesbezüglich und bewertet diese anschließend. Anhand der Punktzahlen kann eine Systematisierung erfolgen.[65]

Mit den Ergebnissen dieser 3 Analysen sollen die Unternehmen eine Entscheidung für oder gegen die Internationalisierung treffen können. Allerdings beruht diese Entscheidung auch auf dem subjektiven Empfinden des Managements, zum Beispiel der Risikoaversion.[66]

Nachdem die grundsätzliche Entscheidung zur Internationalisierung getroffen wurde, sollte die Auswahl der Zielmärkte erfolgen.

2.5.2 Auswahl der Zielmärkte

Bei der Auswahl der Zielmärkte spielen mehrere Faktoren eine Rolle. Daher ist es wichtig, dass das Unternehmen Informationen zu den Umweltbedingungen auf den potenziellen Zielmärkten sammelt. Zudem können beispielsweise politische oder rechtliche Be-

---

[63] Vgl. Hollensen, S. (2007), S. 102 ff.
[64] Vgl. ebd., S. 98 ff.
[65] Vgl. ebd., S. 111 ff.
[66] Vgl. Meffert, H. et al. (2010), S.26.

dingungen ein Hindernis der Internationalisicrung darstellen. Weiterhin ist auch das soziokulturelle Umfeld von Bedeutung, denn erst wenn der Anbieter die persönlichen Werte und Normen seiner Kunden versteht, kann er auf diesem Markt erfolgreich werden. Das Verständnis zur Unterscheidung zwischen „high-context-cultures", also Kulturen, die die indirekte symbolische Kommunikation bevorzugen (z.b. China) und „low-context-cultures", welche sehr direkt kommunizieren (z.b. Deutschland), sieht Hollensen als Teil des soziokulturellen Umfelds und somit als wichtigen Aspekt im zweiten Schritt des Internationalisierungsprozesses.[67]

Die Kriterien und Verfahren zur Marktsegmentierung wurden bereits in Kapitel 2.3.2 erläutert. Hat das Unternehmen die Zielmärkte bestimmt, sollte eine Strategie zum Markteintritt erarbeitet und festgelegt werden.

2.5.3 Markteintrittsstrategien

Die theoretischen Grundlagen zur Wahl der richtigen Markteintrittsstrategie, welche Hollensen anführt, gleicht den Ausführungen von Meffert/Burmann und Becker, die bereits in Kapitel 2.3.3 erläutert wurden. Die richtige Markteintrittsstrategie zeichnet sich dadurch aus, dass sie möglichst wenig Transaktionskosten verursacht. Bei der Wahl müssen weiterhin interne sowie externe Faktoren berücksichtigt werden. Zu den internen Faktoren zählen die Firmengröße, die internationale Erfahrung und die Besonderheiten der Produkte. Als externe Faktoren bezeichnet Hollensen die soziokulturellen Gegebenheiten, das Länderrisiko, Handelsbarrieren und das jeweilige Marktwachstum. Unter Beachtung dieser Faktoren und der eigenen Risikoeinstellung entscheidet sich das internationalisierende Unternehmen entweder für den direkten Export, den indirekten Export oder eine kooperative Form, wie z.B. Lizensierung oder Franchising.[68]

Sobald die Entscheidung getroffen ist, mit welcher Strategie der Eintritt in den ausländischen Markt erfolgen soll, erarbeitet das internationalisierende Unternehmen eine Marketingstrategie.

2.5.4 Globale/lokale Marketingstrategie

Die Entscheidung zwischen globaler und lokaler Marketingstrategie meint Standardisierung oder Differenzierung und die Anwendung auf das operative Marketing. Welche Besonderheiten sich bei der Ausgestaltung des operativen Marketings im Internationali-

---

[67] Vgl. Hollensen, S. (2007), S. 236.
[68] Vgl. ebd., S.291 ff.

sierungsprozess ergeben und inwieweit die einzelnen Komponenten Standardisierungspotential besitzen, wurde in Kapitel 2.4 näher erläutert.

2.5.5 Umsetzung und Überwachung der Markteintrittsstrategie

Die Umsetzung und Überwachung der Markteintrittsstrategie bildet den letzten Schritt
des 5-stufigen Internationalisierungsprozesses nach Hollensen. Die Überwachung des
Markteintritts lässt sich nie wirklich abschließen. Nur durch eine stetige Kontrolle der
Marketingkennzahlen kann ein erfolgreiches Bestehen auf internationalen Märkten realisiert werden.[69] Ein Beispiel für eine gängige Marketingkennzahl ist der sogenannte
"Customer Lifetime Value". Hierbei wird der Deckungsbeitrag ermittelt, den der Kunde
während seiner gesamten Zeit realisiert und so der Wert des Kunden festgelegt.[70]

2.6. Internationales Dienstleistungsmarketing

Für die Internationalisierung von Dienstleistungsunternehmen gelten eine Reihe von
Besonderheiten, die sich aus dem dienstleistungsspezifischen Charakter ergeben. Hierbei sind weitere Faktoren wichtig, die im Folgenden beschrieben werden.

2.6.1 Grundlagen des internationalen Dienstleistungsmarketings

Internationales Dienstleistungsmarketing ist die Analyse, Planung, Koordination und
Kontrolle aller auf die aktuellen und potenziellen internationalen Absatzmärkte ausge-
richteten Unternehmensaktivitäten eines Dienstleistungsunternehmens. Eine Dienstleistung ist Art eines wirtschaftlichen Gutes, bei der eine Leistung erbracht wird, welche
nicht lagerfähig ist und bei der Herstellung und Verbrauch zeitgleich stattfinden. Die
Bedeutung internationaler Dienstleistungen hat sich in den letzten Jahren deutlich erhöht. Der Welthandel an Dienstleistungen weist seit den 1990-er Jahren ein kontinuier-
liches Wachstum auf. Die Gründe für die zunehmende Internationalisierung von Dienstleistungen sind vielfältig. Wichtige Gründe sind:

- die Liberalisierung des Dienstleistungshandels.

- die Zunahme des Dienstleistungshandels aufgrund der steigenden Verknüpfung
  von Produkten und Dienstleistungen.

- die Steigerung der Nachfrage nach Dienstleistungen aufgrund zunehmender
  Ähnlichkeit der Bedürfnisse.[71]

---

[69] Vgl. Hollensen, S. (2007), S. 620 ff.
[70] Vgl. Zerres, C. (2017), S. 21ff.
[71] Vgl. Meffert, H. et al. (2015), S. 503.

2.6.2 Strategisches Internationales Dienstleistungsmarketing

Das strategische internationale Dienstleistungsmarketing umfasst, genau wie das strategische internationale Marketing, drei Entscheidungsfelder. Das sind die Bedeutung der Marke, die Marktsegmentierung und die Auswahl der Markteintrittsstrategie.[72]

Das Markenimage nimmt im internationalen Dienstleistungsmarketing eine wichtige Rolle ein, denn die angebotenen Dienstleistungen können sich in ihrem Grundnutzen sehr stark ähneln und sind daher leicht substituierbar. Daher ist es wichtig, dass Markenzeichen einen hohen Wiedererkennungswert haben und somit Konsumenten in ihrem Kaufverhalten beeinflusst werden. Dabei sind vor allem positive Assoziationen mit dem Unternehmen wichtig.[73]

Bei der Marktsegmentierung eines internationalisierenden Dienstleistungsunternehmens galt früher die Beschränkung auf geografisch nahe gelegene Länder. Durch die zunehmende Digitalisierung und die stetige Weiterentwicklung von Informations- und Kommunikationstechniken gilt diese Beschränkung nicht mehr. Das sieht man besonders bei Dienstleistungen, die auf dem Einsatz des Internets basieren. Transnationale Strategien, welche gleichzeitig eine lokale Anpassung und eine Effizienz beim Ressourcenverbrauch beinhalten, sind im internationalen Dienstleistungsmarketing besonders bei Branchen mit einem hohen spezifischen Knowhow (z.B. Werbeagenturen) anzutreffen.[74]

Bei der Auswahl der Markteintrittsstrategie sind produktspezifische Eigenschaften ausschlaggebend. Für Dienstleistungsunternehmen gibt es entweder die Möglichkeit des Exports oder die dauerhafte Präsenz im Ausland. Für den Export eignen sich veredelte oder digitalisierbare Dienstleistungen (z.B. Softwareberatung), während Dienstleistungen, welche einen intensiven und dauerhaften Kundenkontakt erfordern (z.B. Unternehmensberatung), eine ständige Präsenz des Unternehmens im Ausland bedingen.[75]

Nach der Festlegung der Strategie für die Erschließung der internationalen Märkte folgt zwangsläufig die operative Planung.

---

[72] Vgl. ebd., S.518.
[73] Vgl. ebd., S.519.
[74] Vgl. ebd., S.520 f.
[75] Vgl. ebd.

2.6.3 Operatives internationales Dienstleistungsmarketing

Die klassische Systematisierung des operativen Marketings muss bei Dienstleistungsunternehmen um drei weitere Bereiche ergänzt werden. Hierunter fallen die Personalpolitik, die Ausstattungspolitik und die Prozesspolitik, da sich die besonderen Charakteristika von Dienstleistungen nicht vollständig mit dem klassischen Marketing-Mix abdecken lassen.[76]

Die Personalpolitik ist im Dienstleistungssektor ein zentraler Punkt, da die Mitarbeiter die eigentliche Leistung erbringen und somit das „Gesicht des Unternehmens" sind. Es besteht die Gefahr, dass das negative Verhalten und/oder fehlende Kompetenz von Mitarbeitern auf das Unternehmensimage übertragen wird. Bei der hohen Anzahl an Dienstleistungsunternehmen stellt die Personalpolitik eine gute Möglichkeit zur Differenzierung vom Wettbewerb dar.[77] Im internationalen Dienstleistungsmarketing ist das Ziel der Unternehmen, länderspezifische Kompetenzen aufzubauen. Das lässt sich beispielsweise realisieren durch die Einstellung von einheimischen Personal und der Schulung von Mitarbeitern zu kulturellen Besonderheiten.[78]

Die Ausstattungspolitik im Dienstleistungsmarketing umfasst alle physischen Komponenten, die der Kunde während seines Kontaktes mit dem Unternehmen wahrnimmt. Zu diesen physischen Komponenten zählen die äußere Erscheinung, die innere Erscheinung und das Sachvermögen. Sowohl im nationalen, als auch im internationalen Dienstleistungsmarketing soll eine homogene Ausstattungspolitik dem Kunden Unsicherheiten bezüglich der Dienstleistung nehmen und ein Markenimage kreiert werden. Das Wiedererkennen von Markenzeichen kann auf internationaler Ebene den Kunden bei seiner Kaufentscheidung beeinflussen.[79]

Unter der Prozesspolitik versteht man die Wahrnehmung der Dienstleistungsqualität aufgrund des direkten Kontaktes des Kunden mit einem Prozessschritt. Das primäre Ziel liegt in der fehlerfreien Durchführung des Prozesses. Zu Beginn des Internationalisierungsprozesses eines Dienstleistungsunternehmens ist es besonders wichtig, dass die Prozesse ohne Komplikationen und zur Zufriedenheit des Kunden ablaufen, damit keine langfristige negative Wahrnehmung der eigentlichen Dienstleistung entsteht.[80]

---

[76] Vgl. Meffert, H. et al. (2015), S.520.
[77] Vgl. Walsh, G. et al. (2009), S. 440.
[78] Vgl. Meffert, H. et al. (2015), S.520 f.
[79] Vgl. ebd.
[80] Vgl. Walsh, G. et al. (2009), S.440.

3. Internationalisierung professioneller Fußballclubs

3.1. Sportmarketing

3.1.1 Charakteristika des Sportmarketings

Sport, egal in welcher Form, erfährt ein großes Interesse in der Gesellschaft. Durch die zunehmende Kommerzialisierung, Professionalisierung und Differenzierung in den letzten Jahren hat sich der Sport zu einem Konsumgut entwickelt, dessen wirtschaftliche Bedeutung immer weiter zunimmt.[81]

Da der Begriff Sportmarketing sehr breit gefächert ist, lassen sich grundlegend zwei Bereiche unterscheiden. Zum einen existiert „Marketing von Sport". Hierbei wird ein Sportprodukt oder eine Sportdienstleistung vermarktet. Zum anderen gibt es „Marketing mit Sport". Bei diesem Bereich des Sportmarketings steht nicht die Vermarktung einer Sportveranstaltung im Vordergrund, sondern der Sport wird als Kommunikationsinstrument genutzt, um sportfremde Produkte und Dienstleistungen zu bewerben.[82]

Eine Studie des Bundesministeriums für Wirtschaft und Technologie aus dem Jahr 2011 hat ergeben, dass 56,3% der deutschen Bevölkerung mindestens einmal in der Woche Sport treibt und 28% zu den passiven Sportkonsumenten zählen. Das Konsumaufkommen der aktiven Sportkonsumenten lag im Jahr 2011 bei 77,6 Mrd. €., während der passive Sportkonsum 9,8 Mrd. € betrug. 41% dieser Konsumausgaben wurden durch Eintritte für Ligasport oder Sportevents erzielt.[83]

3.1.2 Besonderheiten des Sportmarketings

Bei der Vermarktung eines Sportproduktes beziehungsweise einer Sportdienstleistung sind eine Reihe von Besonderheiten zu beachten:

Der Sportmarkt ist heterogen strukturiert, d.h. es existiert eine Uneinheitlichkeit der Produkte auf dem Gesamtmarkt hinsichtlich eines oder mehrerer Merkmale. Generell lässt sich dieser Markt in zwei Zielgruppen, die aktiven und die passiven Sportkonsumenten, aufteilen.[84] Aufgrund des Wettbewerbsgedanken im Sport herrscht auf dem Sportmarkt ein starkes Konkurrenzdenken sowie eine hohe Aggression. Allerdings ist auch immer eine Kooperation von mindestens zwei Anbietern notwendig, um ein vermarktungsfähiges Produkt zu erstellen, also für ein Fußballspiel zum Beispiel werden

---

[81] Vgl. Freyer, W. (2011), S.144.
[82] Vgl. Bühler, A /Nufer, G. (2011), S. 42.
[83] Vgl. Ahlert, G. (2013), S. 21.
[84] Vgl. Bühler, A /Nufer, G. (2011), S. 8.

zwei Vereine benötigt. Dieser Mix aus Kooperation und Aggression nennt man „assoziative Konkurrenz".[85]

Dadurch, dass Sportdienstleistungen mit starken Emotionen verbunden sind, unterscheidet sich der Sportkonsument vom normalen Konsumenten. Anstatt ökonomisch zu handeln, wird dieser bei seiner Entscheidung von Emotionen und Leidenschaft beeinflusst und handelt daher irrational. Sportmarketing sollte daher darauf abzielen, die hohe Loyalität des Sportkonsumenten zu nutzen. Durch die Solidarität des Sportkonsumenten zu seinem Verein schließt dieser das Produkt des Rivalen automatisch aus. Daher verfügen viele Sportorganisationen meistens nur über einen beschränkten Zielmarkt, welcher von geographischen Einflüssen bedingt werden kann.[86] Die Sportkonsumenten weisen verschiedene Motive auf. Die einen möchten sich unterhalten lassen, die anderen möchten ihren Lieblingsverein unterstützen und wiederum andere möchten an einer Sportveranstaltung teilnehmen. Das Sportmarketing hat die Herausforderung, die unterschiedlichen Wünsche zu erkennen und diesen gerecht zu werden.[87]

3.1.3 Marketing-Mix im Sport

Im Folgenden wird dargestellt, wie die Besonderheiten im Sportmarketing auf die Instrumente des Marketing-Mix nach McCarthy wirken.[88]

Bei der Produktpolitik ist zu beachten, dass der Erfolg der Sportdienstleistung davon abhängt, inwiefern die Endabnehmer in den Prozess der Leistungserstellung eingebunden werden.[89] Das Angebot von Zusatzleistungen ist in den letzten Jahren besonders in den Vordergrund gerückt, da der Veranstalter auf die Qualität der Kerndienstleistung keinen Einfluss hat. Zum Beispiel hat der Veranstalter eines Fußballspiels keinen Einfluss auf den Spielverlauf oder darauf wie viel Tore fallen, versucht aber durch Zusatzleistungen den Besuch zu einem Erlebnis zu machen. Das Phänomen „Variety Seeking", die Sucht nach Abwechslung und Steigerung des Erlebten, erfordert eine innovative Produktpolitik.[90]

Die Kommunikationspolitik umfasst beim Sportmarketing, genau wie beim generellen Marketing, alle Kommunikationsmaßnahmen, die beim Empfänger eine Wirkung auslö-

---

[85] Vgl. Heinemann, K. (2001), S. 19.
[86] Vgl. Beech, J. /Chadwick, S. (2007), S. 10-11.
[87] Vgl. Bühler, A /Nufer, G. (2011), S. 393.
[88] Vgl. McCarthy, E. (1960), o.S.
[89] Vgl. Schubert, M. (2008), S. 91.
[90] Vgl. ebd. S.95.

sen und ihn in seinem nachfragerelevanten Verhalten beeinflussen sollen. Sportdienstleistungen sind in ihrem Leistungsversprechen risikobehaftet, da die Qualität der Dienstleistung im Vorhinein nicht garantiert werden kann. Sportdienstleister versuchen daher mit den Maßnahmen ihrer Kommunikationspolitik, Leistungsbereitschaft zu signalisieren. Um die Glaubwürdigkeit zu erhöhen, bilden vor allem persönliche Empfehlungen eine Kommunikationsmaßnahme, welche im Sportmarketing als sehr geeignet angesehen wird.[91]

Die Preispolitik im Sportmarketing wird im Wesentlichen davon beeinflusst, welche Positionierung das Unternehmen beziehungsweise der Dienstleister im Markt anstrebt und wie hoch die Nachfrageelastizität ist. Aufgrund der vielen Anbieter auf dem Sportmarkt bietet sich eine kostenorientierte Preisfindung an.[92]

Bei Anbietern von Sportdienstleistungen stellt die Distributionspolitik einen wichtigen Faktor dar. Die Auswahl des Standortes wird im Wesentlichen von der Größe der Sportstätte, den natürlichen Risiken, sowie den finanziellen Risiken und Chancen beeinflusst. Fußballvereine zum Beispiel sind bei ihrer Standortwahl meist an einen festen Ort gebunden, werden aber von dieser distributiven Entscheidung beim Ausrichten von Turnieren oder Freundschaftsspielen tangiert.[93] Für Sportdienstleister ist der einzige geeignete Absatzweg, der direkte Verkauf. Durch indirekte Absatzmittler, wie Ticketseller, kommt es zu einem Kontroll- und Informationsverlust. Die Notwendigkeit eines Absatzmittlers kann durch den Einsatz von e-commerce reduziert werden.[94]

Schubert spricht davon, dass die klassischen Marketinginstrumente im Sportmarketing um die Instrumente Personal-, Prozess- und Sportstättenpolitik erweitert werden müssen.[95] Die Personalpolitik sollte darauf abzielen qualifizierte Mitarbeiter auszuwählen, um den fachlichen und kommunikativen Anforderungen und Besonderheiten des Sportmarketings gerecht zu werden. Unter der Prozesspolitik im Sportmarketing versteht man hauptsächlich die Integration der Zeitkomponente in die Dienstleistung. Dadurch, dass die Ressource Zeit bei den meisten potenziellen Konsumenten der Sportdienstleitung ein knappes Gut darstellt, sollte eine Prozessoptimierung mit dem Ziel der Zeiteinsparung durchgeführt werden. Die Sportstättenpolitik zielt darauf ab, dass die

---

[91] Vgl. Woratschek, H. /Beier, K. (2001), S. 227.
[92] Vgl. Schlepper, F. (2014), S. 17.
[93] Vgl. ebd. S.18.
[94] Vgl. Westerbeek, H. /Shilbury, D. (1999), S. 18.
[95] Vgl. Schubert, M. (2008), S. 98.

Wahrnehmung einer Sportdienstleistung sehr stark an den Austragungsort gebunden ist. Hierbei sollten Vereine auf die Ästhetik, den Stil und die Atmosphäre der Sportstätte achten, um die wahrgenommene Qualität der Dienstleistung zu erhöhen.[96]

3.2 Fußballvereine als Wirtschaftssubjekte

3.2.1 Zuordnung zum Dienstleistungssektor

Damit Fußballunternehmen als Dienstleistungsunternehmen einzustufen sind, muss geprüft werden, ob das Gut welches sie produzieren, als Dienstleistung zu bewerten ist. Gemäß der Definition in Kapitel 2.6.2 umfassen Dienstleistungen alle Arbeitsleistungen, die für andere Wirtschaftseinheiten erbracht werden, nicht lagerfähig sind und direkt in Anspruch genommen werden müssen. Der Meisterschaftswettbewerb in der Liga kann als zweistufiges Produktionssystem definiert werden. Auf der ersten Stufe, der Vorproduktion, findet die Bereitstellung der nötigen Inputfaktoren durch die Fußballclubs statt. Diese Inputfaktoren (z.b. die Beschäftigung von Fußballspielern, das Zahlen der Stadionmiete) werden mit einer Leistungsbereitschaft kombiniert (Fußball auf professionellem Niveau), wodurch das Dienstleistungspotenzial entsteht. Auf der zweiten Stufe wird ein vermarktungsfähiges Produkt durch die Kooperation mit einem zweiten Anbieter kreiert. Kein Fußballspiel kann ohne Kooperation zweier Fußballclubs stattfinden. In der deutschen Fußball-Bundesliga läuft diese Kooperation über die Deutsche Fußball Liga (DFL), welche in Zusammenarbeit mit den Clubs den Spielbetrieb organisiert. Dieses vermarktungsfähige Produkt, das Fußballspiel an sich, wird vom Konsumenten in Kombination mit Sachgütern (Stadion, Fanartikeln) in Anspruch genommen. Die Dienstleistung Fußball ist nicht lagerfähig und muss direkt in Anspruch genommen werden. Spielaufzeichnungen, welche durchaus als lagerfähig angesehen werden können, weichen durch den fehlenden Live-Charakter von der eigentlichen Dienstleistung ab. Alles in allem lassen sich Fußballvereine als Dienstleistungsunternehmen bezeichnen, die aufgrund ihres sportökonomischen Charakters von den übrigen Dienstleistungsunternehmen abweichen.[97]

3.2.2 Wirtschaftsfaktor Fußball

Fußball ist weltweit die Sportart Nummer Eins und wird in fast jedem Land gespielt. Im Jahr 2006 lag die Zahl der aktiven Fußballspieler bei 265 Millionen. Am meisten verbreitet ist der Fußball in den traditionellen Fußballländern. Dazu zählen vor allem Euro-

---

[96] Vgl. Schlepper, F. (2014), S. 19.
[97] Vgl. Dreyer, D. (2004), S.20.

pa, Südamerika und teilweise Afrika. In den letzten Jahren hat aber ein starkes Wachstum des Interesses am Fußball auch in Asien und Nordamerika stattgefunden. Die wirtschaftliche Entwicklung in Asien und die Anzahl der Bevölkerung bietet ein riesiges Potenzial noch mehr Leute für Fußball zu begeistern. Durch die Globalisierung der Märkte haben Vereine und Verbände die Möglichkeit bekommen, sich auf ganz anderen Märkten zu präsentieren und versuchen das dort vorhandene Potenzial auszuschöpfen.[98]

Auch in Deutschland hat sich der Fußball in den letzten Jahren zu einer enormen wirtschaftlichen Kraft entwickelt. Dabei wird unterschieden in den Profifußball und den Breitensportfußball, also einmal passive und einmal aktive Konsumenten. Hier liegt der generelle Trend darin, dass junge Leute aktiv Fußball in Vereinen spielen und dann im Erwachsenenalter zu passiven Fußballkonsumenten werden. Die Konsumausgaben für den Fußball in Deutschland lagen im Jahr 2008 bei insgesamt 11 Mrd. €. Diese verteilten sich gleichmäßig auf den Profifußball und den Breitensport. Aufgrund der hohen Wachstumsraten bei der Vermarktung von Profifußball hat sich dieses Verhältnis weiter in Richtung Profifußball verschoben.[99]

Die gesamtwirtschaftliche Bedeutung des professionellen Fußballs lässt sich anhand von drei Indikatoren beurteilen:

- Wertschöpfung
- Arbeitsplätze
- Steuern/Abgaben

McKinsey untersuchte im Jahr 2015 die wirtschaftliche Bedeutung des Profifußballs in Deutschland anhand dieser drei Indikatoren. Unter der Wertschöpfung versteht man den Beitrag des Profifußballs zum Bruttoinlandsprodukt. Diese Wertschöpfung lag im Jahr 2013/14 bei 7,9 Mrd. € und steigerte sich im Vergleich zum Jahr 2007/08, wo diese bei 5,1 Mrd. € lag, um über 50%. Dieser Beitrag bildete zwar nur 0,3% des BIPs, aber mit einem realen Wachstum von 6,1% seit 2008 ist der Profifußball schneller gewachsen als die meisten Industrien und etwa zehnmal so schnell wie Deutschland insgesamt. Die Gesamtwertschöpfung verteilte sich mit 1,8 Mrd. € auf direkte Effekte (Clubs, DFL), mit 4,5 Mrd. € auf indirekte Effekte (Zulieferer, Vermarkter) und 1,6 Mrd. € auf induzierte Effekte. Induzierte Effekte sind Konsumausgaben, die außerhalb des Profifußballs

---

[98] Vgl. Vöpel, H. /Steinhardt, M. (2008), S. 14ff.
[99] Vgl. an der Heiden, I. et al. (2015), S.6ff.

durch die Beschäftigten des Systems entstehen. Darunter fallen zum Beispiel Restaurantbesuche der Fußballmanager.[100]

Als weiterer wichtiger Indikator der Wirtschaftskraft des Profifußballs lassen sich die Auswirkungen auf den Arbeitsmarkt nennen. 2015 lag die Zahl der vollbeschäftigten Arbeitnehmer bei 110.000. Durch die indirekten und induzierten Umsätze entstehen vor allem Arbeitsplätze in der Gastronomie und Hotellerie.[101]

Mit der steigenden Wertschöpfung des Profifußballs wächst auch die Bedeutung des Systems Profifußball als Steuerzahler in Deutschland. Die Steuern und Abgaben aus diesem Sektor betrugen im Jahr 2015 2,5 Mrd. €. Diesen Einnahmen stehen staatliche Ausgaben in Höhe von 200 Mio.€ entgegen, sodass sich die Netto-Einnahmen auf 2,3 Mrd. € beliefen.[102]

Die zahlenmäßige Entwicklung des Wirtschaftsfaktors Profifußball ist in folgender Abbildung dargestellt.

1 In jeweils gültigen Preisen
Abbildung 2: Wirtschaftsfaktor Profifußball
Quelle: Behrenbeck, K. et al. (2015), S.8.

Die wirtschaftliche Bedeutung des Profifußballs lässt sich daran erkennen, dass mit dem Profifußball auch andere Wirtschaftssektoren überproportional wachsen (z.B. Gastronomie), dass sowohl im Profifußball, als auch in den kooperierenden Branchen Arbeitsplätze entstehen und dass es seit Jahren ein konstantes und gesundes Wachstum gibt.[103]

---

[100] Vgl. Behrenbeck, K. et al. (2015), S.7 ff.
[101] Vgl. ebd.
[102] Vgl. ebd., S.10.
[103] Vgl. Behrenbeck, K. et al. (2015), S. 15.

3.2.3 Wirtschaftliche Ziele

Die Ziele professioneller Fußballclubs wurden erstmals 1956 von Rottenburg in Bezug auf US-amerikanische Profiteams untersucht. Dieser beschrieb das wesentliche Ziel analog zu klassischen Wirtschaftsunternehmen als Gewinnmaximierung. Da dem amerikanischen Spielbetrieb ein Franchisesystem zu Grunde liegt, müssen die Ziele europäischer Fußballclubs differenziert betrachtet werden. Sloane legte 1971 vier Zielhypothesen, bezogen auf europäische Fußballclubs, fest:

- Gewinnmaximierung.
- Nutzenmaximierung.
- Sicherheitsmaximierung.
- Umsatzmaximierung.[104]

Aufgrund stetiger negativer Jahresergebnisse der Clubs wurde die Hypothese der Gewinnmaximierung schnell verworfen.[105] Die wichtigste Bedeutung misst Sloane der Nutzenmaximierung zu. Basis der Nutzenmaximierung ist der sportliche Erflog, denn durch diesen entsteht ein Zuschauerinteresse, welches sich auf dem Markt der passiven Sportkonsumenten vermarkten lässt.[106] Die Sicherheitsmaximierung rückt indes immer weiter in den Fokus der Ziele professioneller Fußballclubs, denn eine finanzielle Stabilität ist das Grundgerüst des ökonomischen, sowie des sportlichen Erfolgs. Der ehemalige Vorstandsvorsitzende des Hamburger Sportvereins Bernd Hoffmann gab als Ziel des Clubs maximalen sportlichen Erfolg bei gleichzeitiger Abwehr der Insolvenz aus.[107]

Die hohen Investitionen der Fußballclubs in ihre Spielerkader gefährden die finanzielle Stabilität und können nur durch Außenfinanzierung oder durch eine Maximierung des Umsatzes finanziert werden.[108] Im Sommer 2017 tätigte der französische Fußballklub Paris Saint Germain den teuersten Spielertransfer der Geschichte. Sie bezahlten 222 Millionen Euro für den brasilianischen Fußballstar Neymar. Diese Summe wurde nur möglich gemacht durch die Qatar Sport Investment Group, welche 100 Prozent der Anteile des Clubs besitzt.[109]

---

[104] Vgl. van Overloop, P. (2013), S. 80f.
[105] Vgl. Wisemann, N. (1977), S. 123f.
[106] Vgl. Hermanns, A. /Riedmüller, F. (2012), S. 377.
[107] Vgl. Balzer, A. /Roth, F. (2006), S. 21.
[108] Vgl. van Overloop, P. (2013), S. 82.
[109] Vgl. o.V. (2017), spiegel.de.

Van Overloop betont aber weiterhin, dass auch vorökonomische Ziele bei der strategischen Planung von professionellen Fußballclubs eine entscheidende Rolle spielen können. Dazu zählen beispielsweise emotionale Bedürfnisse, die Schaffung eines Identifikationspunktes für die Region oder die Erzielung von Dienstleistungsqualitäten und einem positiven Image.[110]

3.2.4 Geschäftsfelder

Der Bedarf an finanziellen Mitteln zur Sicherstellung der sportlichen Wettbewerbsfähigkeit sollte langfristig durch Innenfinanzierung sichergestellt werden. Damit Fußballclubs eigenständig Umsätze realisieren können, müssen diese ihre Managementaktivitäten auf vier Hauptgeschäftsfelder ausweiten:

- der Spielbetrieb.
- die medialen Verwertungsrechte.
- das Sponsoring.
- das Merchandising.[111]

Das Geschäftsfeld Spielbetrieb umfasst den kompletten Ablauf der sportlichen Veranstaltung. Dazu zählt nicht nur das eigentliche Spiel, sondern auch Unterhaltungs- und Rahmenangebote. Den größten Umsatz in diesem Geschäftsfeld realisieren die Fußballclubs durch den Verkauf von Eintrittskarten, sowie den Verkauf von Speisen und Getränken. Das Angebot von Zusatzleistungen, wie VIP-Logen oder der besonderen Nähe zu Spielern und Trainern gewinnt in diesem Geschäftsfeld zunehmend an Relevanz, auch wenn der gesamte Umsatzanteil aufgrund des großen Zuwachses anderer Geschäftsfelder zurückgeht.[112]

Die medialen Verwertungsrechte umfassen im Wesentlichen den Handel von Übertragungsrechten für Fernsehen, Radio und Internet. Diese Lizenzen werden in der Regel zentral über die Ligaverbände vergeben und grenzen daher den Gestaltungsfreiraum der Fußballclubs ein.[113]

Die mit Abstand höchsten Summen für die mediale Verwertung werden in England gezahlt. Die Premier League gab 2015 bekannt, dass die englischen Clubs zwischen 2016 und 2019 umgerechnet etwa 6,9 Milliarden Euro für die TV-Vermarktung erhalten. Im

---

[110] Vgl. van Overloop, P. (2013), S. 83.
[111] Vgl. Szymanski, S. /Kuypers, T. (2000), S. 38 ff.
[112] Vgl. van Overloop, P. (2013), S.84.
[113] Vgl. Teichmann, K. (2007), S. 45ff.

Vergleich dazu erhalten die deutschen Vereine im selben Zeitraum nur 2,5 Milliarden Euro.[114]

Das Geschäftsfeld Sponsoring umfasst die Zuwendung von Finanz-, Sach- und/oder Dienstleistungen von Unternehmen an Fußballclubs gegen Gewährung von Rechten zur kommunikativen Nutzung von Personen und/oder Aktivitäten.[115] Neben der Überlassung von Ausrüstungsgegenständen stellt das Sponsoring für die Fußballclubs ein wesentliches Finanzierungsinstrument dar. Sponsoring kann in verschiedenen Formen auftreten. Dazu zählen unter anderem Werberechte für Trikots und Banden, Ausrüster und Servicerechte für Trikots und Dienstleistungen, Verkaufs- und Bewirtschaftungsrechte für Catering, sowie Identifikationsrechte zur Nutzung von Logos und Marken. Sponsoring dient weiterhin als Ausgangspunkt für verschiedene Kooperationsformen der Vereine mit den Unternehmen. Solche Kooperationsformen können ein gemeinsames Kundenbeziehungsmanagement (Einführung von fanorientierten Bankangeboten) oder die Übernahme von Clubs durch Sponsoren (Red Bull Salzburg) sein.[116]

Deloitte analysierte in der Studie Annual Review of Football Finance 2017 die Aufteilung der Gesamtumsätze in den fünf größten europäischen Ligen.

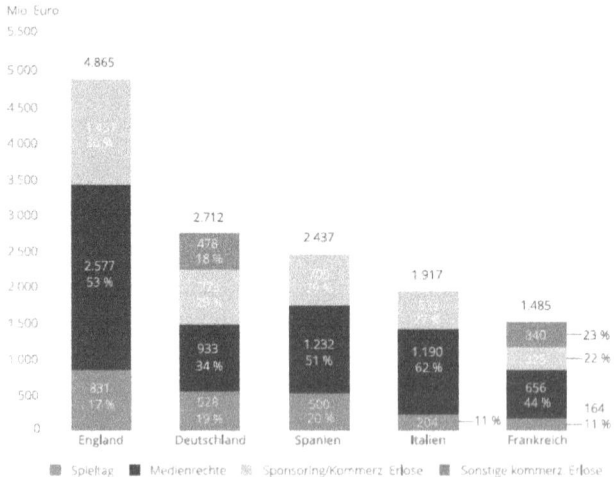

Abbildung 3: Gesamtumsätze der europäischen Topligen
Quelle: Hollasch, K. et al. (2017), S.19.

---

[114] Vgl. o.V. (2015), spiegel.de.
[115] Vgl. Hermanns, A. /Marwitz, C. (2008), S. 44.
[116] Vgl. van Overloop, P. (2013), S. 86f.

In der Darstellung der Gesamtumsätze der europäischen Topligen ist zu erkennen, dass Deutschland den zweiten Platz im Gesamtranking hinter der englischen Liga einnimmt. Dass die Einnahmen durch Sponsoring in allen Ligen bei circa 30% der Gesamtumsätze liegen, verdeutlicht die Relevanz dieses Geschäftsfeldes. Die englische Liga erweist sich mit 1.457 Millionen Euro Einnahmen durch Sponsoring erneut als Führender. In Deutschland betrugen die Einnahmen mit 773 Millionen Euro gerade einmal die Hälfte des in England erzielten Wertes. Besonders auffällig ist, dass der Anteil der Medienrechte am Gesamtumsatz in Deutschland am geringsten ist. Selbst in der französischen Liga, welche mit großem Abstand letzter dieses Rankings ist, liegt dieser Anteil bei 44%. Final ist zu sagen, dass die Bundesliga einen guten zweiten Platz hinter der englischen Premier League belegt und dass es vor allem in den Geschäftsfeldern Medienrechte und Erlöse durch Sponsoring eine enorme Steigerung benötigt, um diese Lücke zu verringern.[117]

Zu dem Geschäftsfeld Merchandising zählt die Entwicklung und Vermarktung von Produkten oder Dienstleistungen, die durch eine besondere Kennzeichnung mit einem Club oder einen Sportler in Verbindung gebracht werden. Hierzu zählen beispielsweise Fan-Artikel. Ziel des Merchandisings ist es, analog zum Sponsoring, neben der Realisierung von Umsatzerlösen, Kundenbeziehungen zu steuern und ein Markenimage aufzubauen. Aufgrund der hohen Ressourcenanforderungen übertragen Fußballclubs ihre Merchandising-Rechte häufig an Dienstleister mit der benötigten Ressourcenkapazität.[118] Die wesentliche Herausforderung in diesem Geschäftsfeld ist es, dass die Clubs sich zuerst ihrer Markenidentität und ihres Markenimages bewusst werden und anschließend mit geeigneten Partnern ein zweckmäßiges Merchandising zusammenstellen und vertreiben.[119]

Van Overloop vertritt die These, dass die Inhalte des allgemeinen internationalen Managements (Kapitel 2.1 ff.) nur dann auf die Internationalisierungsstrategien von professionellen Fußballclubs angewendet werden können, wenn sowohl der Dienstleistungscharakter der Fußballclubs (Kapitel 2.5), als auch die Besonderheiten des Sportmarketings (Kapitel 3.1) berücksichtigt werden. Als Basis einer Untersuchung zum Internati-

[117] Vgl. Hollasch, K. et al. (2017), S. 18ff.
[118] Vgl. van Overloop, P. (2013), S. 88.
[119] Vgl. Rohlmann, P. (2008), S. 306.

onalisierungsstand von Fußballclubs müssen weiterhin die Umweltbedingungen, die Ziele und die Geschäftsfelder herangezogen werden.[120]

3.3 Relevanz der Internationalisierung im Fußball

Die Ursprünge der Internationalisierung im Fußball liegen im besonderen Reiz der internationalen sportlichen Vergleiche. Das erste Fußballländerspiel fand bereits 1870 zwischen England und Schottland statt. In Folge dessen wurde Fußball im Rahmen der olympischen Spiele praktiziert - bis 1930 die erste Fußballweltmeisterschaft in Uruguay stattfand. Zum Verständnis der aktuellen Entwicklungen und Tendenzen im Profifußball muss zwingend die Professionalisierung und Kommerzialisierung des Fußballgeschäfts betont werden. Mit zunehmender Entwicklung vom Freizeitsport zu einem professionellen Geschäft wurde die sportliche Seite der Internationalisierung um wirtschaftliche Aspekte erweitert. Hierbei wurden dann auch klassische Themen des internationalen Managements zunehmend relevant.[121]

Die englische Premier League war der Vorreiter der internationalen Vermarktung der Fußballrechte und hat hier einen deutlichen Vorsprung zu den anderen Top-Ligen in Europa. Zum Vergleich: Die englische Liga nimmt jährlich etwa 916 Mio. Euro für die internationale Vermarktung der TV-Rechte ein, während die Einnahmen der DFL gerade mal bei 140 Mio. Euro liegen.[122] Diese große Lücke lässt sich vor allem darauf zurückführen, dass die Premier League viel früher mit ihren internationalen Aktivitäten begonnen hat. Dazu gehört auch die Verlegung der Anstoßzeiten, um dem asiatischen Publikum eine günstigere Fernsehzeit zu bieten.[123] Nicht nur die Ligen vermarkten ihre TV-Rechte, sondern auch die einzelnen Fußballclubs haben ihre Aktivitäten auf internationale Ebene erweitert. Zu den Vorreitern gehören vor allem Real Madrid und Manchester United. Diese begannen bereits im Jahre 2005 mit Auslandsreisen. Neben den Einnahmen durch Auslandsreisen generieren die Clubs allerdings auch relevante Einnahmen durch den Verkauf von Vermarktungsrechten und von Merchandise Artikeln (z.B. Trikots). Weiterhin lassen sich internationalisierende Maßnahmen der Clubs entlang ihrer Wertschöpfungskette feststellen. Dazu zählen z.B. die verfügbaren Sprachen

---

[120] Vgl. van Overloop, P. (2013), S. 92.
[121] Vgl. ebd., S.3.
[122] Vgl. van Overloop, P. (2013), S. 4.
[123] Vgl. Finsterbusch, S. (2005), S. 18.

der Internetauftritte oder die Implementierung eigens entwickelter Social-Media-Kanäle für bestimmte Märkte.[124]

Die hohen Einnahmen, welche durch die Vermarktung der TV-Rechte auf internationaler Ebene generiert werden können, und die zunehmende internationale Außendarstellung der Fußballclubs zeigen, welche Relevanz die Internationalisierung für Fußballclubs hat. Mehr TV-Einnahmen implizieren auch höhere Investitionsmöglichkeiten, welche sich auf die sportliche Wettbewerbsfähigkeit, zum Beispiel in Form von Transfers internationaler Topspieler, auswirken können.[125]

3.4 Klassifizierung der Internationalisierungsstrategien

Als Ergebnis seiner Untersuchung zum Internationalisierungsstand von professionellen Fußballclubs kommt van Overloop zu dem Ergebnis, dass das Internationalisierungspotential vom sportlichen Erfolg abhängig ist. Dabei ist es irrelevant, ob dieser aktuell ist oder bereits länger zurückliegt und ob dieser national oder international gefeiert wurde. Die Art des Erfolges kann aber auf die Intensität und die Reichweite der Internationalisierung eine Auswirkung haben. Alles in allem kristallisieren sich im Rahmen der Untersuchung drei Arten von Clubs heraus:

- **Nicht-internationalisierte Clubs**: Diese betreiben höchstens gelegentlich grenzüberschreitende Aktivitäten, verfügen über geringe materielle und finanzielle Ressourcen und sind im Ausland eher unbekannt. Ihr Fokus liegt auf dem regionalen Umfeld (z.B. FC Augsburg, SC Freiburg).

- **Passiv-internationalisierte Clubs**: Diese Clubs haben eine ähnliche Ressourcenverfügbarkeit wie die nicht internationalisierten Clubs, besitzen kein wirkliches Konzept zur Internationalisierung, sind jedoch bekannt aufgrund ihrer Tradition und einzelner Erfolge (z.B. HSV, Werder Bremen)

- **Aktiv-internationalisierende Clubs**: Sie sind aufgrund ihrer nationalen und internationalen Erfolge weltweit bekannt, verfügen über tragfähige Strukturen, ausreichend Ressourcen und verfolgen im Rahmen eines professionellen Managements einen klaren Internationalisierungsansatz (z.B. FC Bayern München, Manchester United).[126]

---

[124] Vgl. van Overloop, P. (2013), S.6.
[125] Vgl. ebd.
[126] Vgl. van Overloop, P. (2013), S. 378.

Allerdings ist es wichtig zu betonen, dass der Großteil der Clubs in den letzten Jahren internationale Aktivitäten startete und es daher kaum noch nicht-internationalisierte Clubs gibt. Die meisten Bundesligaclubs lassen sich im Jahr 2018 als passiv-internationalisiert bezeichnen. Aufgrund des steigenden Drucks weiten sie ihre Aktivitäten auf internationaler Ebene zunehmend aus. Dies geschieht auch vor dem Hintergrund der Umsatzsteigerung zum Erhalt der sportlichen Wettbewerbsfähigkeit.[127]

3.5 Umsetzung der Internationalisierung durch die Fußballclubs

Im folgenden Kapitel werden mehrere aktiv-internationalisierende Fußballclubs auf ihre Internationalisierungsstrategien untersucht. Dabei werden Gemeinsamkeiten und Unterschiede herausgearbeitet. Die gezielte Betrachtung eines Fußballclubs wird in Kapitel 4 am Fallbeispiel des FC Bayern München vorgenommen.

3.5.1 Manchester United

Manchester United ist der finanzstärkste Fußballclub weltweit. 2018 belegte Manchester United zum zehnten Mal den ersten Platz in der Studie „Football Money League 2018" von Deloitte. Die Einnahmen des Clubs lagen bei 676,3 Millionen Euro.[128] Den Grundstein der internationalen Bekanntheit und damit auch die Grundlage der Internationalisierung bildet die sogenannte „Class of 92", gespickt mit zahlreichen Topstars wie David Beckham, mit welcher der damalige Trainer Sir Alex Ferguson unzählige Titel gewann.

Die Internationalisierungsstrategie von Manchester United verfolgt das wesentliche Ziel, eine Marke zu kreieren und diese auf der ganzen Welt bekannt zu machen. Dieser Verein gilt als Pionier in Sachen Internationalisierung im professionellen Fußball, da die ersten strategischen Maßnahmen schon Anfang des 21. Jahrhunderts eingeleitet wurden, wo die meisten Vereine noch keine Internationalisierungsstrategie entwickelt hatten. Als Basis der Schaffung dieses Markenimages lässt sich der Erfolg in den 90er Jahren nennen, welcher den Club mit attraktivem, erfolgreichem Fußball in Verbindung bringt.[129]

Nicht nur der Club an sich versuchte zunehmend Popularität zu erlangen, sondern auch durch populäre Spieler gewann Manchester United zunehmend an internationaler Bekanntheit. Die bekanntesten Spieler sind David Beckham und Cristiano Ronaldo. Im

---

[127] Vgl. Breuer, M. et al. (2018), S. 19f.
[128] Vgl. Hollasch, K. et al. (2017), S. 24.
[129] Vgl. Szymanski, S. (2012), london.edu.

Jahr 2005 umfasste die weltweite Fangemeinde 75 Millionen Fans, von denen 40 Millionen aus Asien kommen. Die Zahl hat sich in den letzten Jahren deutlich erhöht. Besonders bei jungen Chinesen gilt die Marke „Manchester United" als Identifikationspunkt mit dem Westen und als Zeichen eines luxuriösen Lebensstils. Schon früh legte Manchester United seinen Fokus auf den chinesischen Markt. Die Website ist seit 2005 auf Mandarin verfügbar, es wurde eine Fußballschule in Hongkong gegründet und seit 2012 besitzt der Club auch ein eigenes Büro in Hongkong.[130]

Um die Interaktion mit den weltweiten Fans zu ermöglichen, setzt der Club auch zunehmend auf den Einsatz von sozialen Medien. 2017 verzeichnete er 147 Millionen Verbindungen auf den verschiedenen Social-Media-Kanälen. Weiterhin gibt es eine eigene App und sogar einen eigenen Fernsehsender, welcher in 56 Ländern verfügbar ist, der die weltweiten Fans mit Informationen versorgt.[131]

Als zweiter wichtiger Eckpfeiler der strategischen Managementplanung lässt sich die Zusammenarbeit mit Sponsoren nennen. 2014 schloss Manchester United einen Rekord-Deal mit dem Autobauer Chevrolet ab, welcher dem englischen Verein etwa 451 Millionen Euro über sieben Jahre zahlt, um Trikotsponsor zu werden.[132] Im Jahr 2017 verzeichnete der Club neun globale Partnerschaften mit Sponsoren. Eine Maßnahme war die Zusammenarbeit mit einer Bank und die Einführung einer eigenen Kreditkarte mit dem Ziel die Identifikation der Fans mit dem Verein weiter zu steigern.[133]

3.5.2 FC Barcelona

Der FC Barcelona belegte im Ranking der finanzstärksten Clubs 2017 den dritten Platz. Der Verein erwirtschaftete Einnahmen in Höhe von 648,3 Millionen Euro. Dadurch dass in Spanien erstmals eine zentrale Vermarktung der Übertragungsrechte durchgeführt wurde, erhöhten sich die Einnahmen des FC Barcelona in diesem Geschäftsfeld um 12,2 Millionen Euro.[134] Zur Saison 2017/18 schloss der FC Barcelona einen Werbedeal mit dem Unternehmen „Rakuten" über eine Zahlung von jährlich 55 Millionen Euro ab. Neben diesen hohen finanziellen Einnahmen profitiert der Club allerdings auch durch die Reichweite des Unternehmens. Rakuten zählt zu den zehn größten Internetan-

---

[130] Vgl. Hollensen, S. (2007), S.126f.
[131] Vgl. o.V. (2017), manutd.com.
[132] Vgl. o.V. (2012), sueddeutsche.de.
[133] Vgl. Hollensen, S. (2007), S.126f.
[134] Vgl. Hollasch, K. et al. (2017), S.14.

bietern weltweit und versorgt die Fans des FC Barcelona im Rahmen dieser exklusiven Partnerschaft mit Innovationen aus dem Bereichen E-Commerce und Digital Content.[135]

Das wesentliche Internationalisierungsbestreben des FC Barcelonas begannen im Jahr 2006 mit der Wahl des neuen Präsidenten Joan Laporta. Dieser gab als Ziel aus, den FC Barcelona zu der führenden globalen Unterhaltungsmarke im Sport formen zu wollen. Bis zu diesem Jahr pflegte der Club die Tradition keine Werbung auf den Trikot zu tragen.[136] Diese Tradition wurde unter Laporta erstmals gebrochen, allerdings schloss der FC Barcelona keinen Vertrag mit einem internationalen Unternehmen, wie es die Konkurrenz bereits zu dieser Zeit tat, sondern vereinbarte eine fünfjährige Partnerschaft mit dem Kinderhilfswerk UNICEF. Hierbei nahm der Verein kein Geld für die Werbung ein, sondern spendete jährlich eine Summe von 1,5 Millionen Euro an die Organisation.[137]

Diese Kooperation verdeutlicht die soziale Verantwortung, welche zu den Grundwerten des Klubs zählt und über die sich der Klub identifizieren möchte. Allerdings musste der FC Barcelona erkennen, dass eine Ausrichtung des operativen Geschäfts auf internationaler Ebene zwingend erforderlich ist, um die sportliche und finanzielle Wettbewerbsfähigkeit aufrecht zu erhalten.[138] Deshalb ging der FC Barcelona im Jahr 2011 zunächst eine Kooperation mit der Qatar Foundation ein, welche einen Anschlussdeal mit Qatar Airways integrierte. Der FC Barcelona habe Schulden und könne es sich nicht leisten, seine Werbeplätze zu verschenken, sagte Peter Rohlman, Geschäftsführer einer Sportmarketingagentur. Allerdings ist es den Verantwortlichen, trotz dieses Werbedeals, weiterhin wichtig, dass die traditionellen Werte erhalten bleiben.[139]

Im Jahr 2014 eröffnete der Club ein Büro in Hongkong mit dem Ziel Sponsorendeals abzuschließen und die Bedürfnisse der jeweiligen Zielgruppen zu verstehen. Aufgrund des Erfolges eröffnete man zwei Jahre später ein Büro in New York, um die erzielten Erfolge auch auf den amerikanischen Markt zu übertragen. Der FC Barcelona plant im Jahr 2020/21 der erste Klub zu werden, welcher jährliche Einnahmen in Höhe von einer Milliarde Euro generiert. Um dieses Ziel zu erreichen, wurde im Jahr 2015 ein strategischer Plan veröffentlicht. Dieser beinhaltet die zunehmende Ausrichtung auf Internatio-

[135] Vgl. o.V. (2017), rakuten.com.
[136] Vgl. Chadwick, S. /Arthur, D. (2007), S.5.
[137] Vgl. Laub, M. (2012), handelsblatt.com.
[138] Vgl. Chadwick, S. /Arthur, D. (2007), S. 6ff.
[139] Vgl. o.V. (2013), horizont.net

nalität. Barcelona hat ein globale Fan-Basis, die auf circa 300 Millionen Fans geschätzt wird. Durch die Verstärkung der Social-Media-Aktivitäten und des internationalen Auftritts, kombiniert mit sportlichen Erfolgen, soll vor dem Hintergrund der clubeigenen Werte, das kommerzielle Potenzial der Märkte in China, den USA und auch Südamerika weiter ausgeschöpft werden.[140]

3.5.3 Borussia Dortmund

Der Ballspielverein Borussia 09 e.V. Dortmund (BVB) ist hinter dem FC Bayern München der finanzstärkste Club in Deutschland. 2017 lagen die Einnahmen des BVBs bei 332,6 Millionen Euro. Davon wurden 44% durch kommerzielle Einnahmen und 38% durch die Vermarktung von Übertragungsrechten eingenommen. Dadurch belegt Borussia Dortmund den zwölften Platz im Ranking der finanzstärksten Fußballclubs weltweit.[141]

Eine erste Auslandsreise führte der BVB bereits 2007 im Auftrag der DFL nach Indonesien durch. Allerdings folgten danach erstmal keine Auslandsreisen mehr. Wirkliche Internationalisierungsmaßnahmen wurden im Jahr 2011 im Rahmen der Verpflichtung des japanischen Fußballspielers Shinji Kagawa umgesetzt. Dieser half dem Club eine enorme Bekanntschaft auf dem japanischen Markt aufzubauen.[142] In Folge dieser gestiegenen Bekanntschaft in Japan schloss Borussia Dortmund einen Sponsorendeal mit dem Kreditkartenunternehmen A Plus, welche speziell gebrandete Produkte anbietet und die exklusiven Rechte an Autogrammkarten in Japan hält.[143] 2014 wurde eine Partnerschaft mit einem japanischen Reiseunternehmen eingegangen. Weiterhin betreibt der BVB Fußballcamps in Japan und in China.[144]

Anfangs avisierte der BVB im Rahmen der Internationalisierung vor allem Zielmärkte, auf denen der größte deutsche Konkurrent, der FC Bayern München, nicht präsent war. Hierzu zählten vor allem Japan und Südostasien.[145] Mittlerweile betrachten die Verantwortlichen von Borussia Dortmund die Situation nicht mehr als Konkurrenz, sondern sehen die Internationalisierung als Liga-Thema. Der Verein besitzt mittlerweile ein Büro in Singapur, in Japan und in China.[146]

---

[140] Vgl. Dunne, F. (2017), sportbusiness.com.
[141] Vgl. Hollasch, K. et al. (2017), S.34.
[142] Vgl. Breuer, M. et al. (2018), S.7f.
[143] Vgl. o.V. (2017) globalsportsjob.com.
[144] Vgl. Breuer, M. et al. (2018), S.8f.
[145] Vgl. ebd.
[146] Vgl. o.V. (2017) globalsportsjob.com.

Neben der Bearbeitung des asiatischen Marktes breitet der BVB seine Internationalisierung auch auf den amerikanischen Markt aus. Im Vergleich zu den anderen Vereinen besitzt der Club einen gewaltigen Vorteil, Christian Pulisic. Dieser wurde zum Fußballer des Jahres in den USA gewählt und bewirkt eine steigende Bekanntschaft des Clubs in Amerika, ähnlich wie Shinji Kagawa im Jahr 2011. Im Sommer 2018 bereist der BVB erstmals im Rahmen der Saisonvorbereitung die USA. BVB-Geschäftsführer Hans-Joachim Watzke sieht auf dem dortigen Markt ein enormes Potenzial für Markenpräsenz, Trikotverkäufe und neue, finanzstarke Sponsoren.[147]

3.5.4 Überblick der Internationalisierungsansätze

In Folge der Untersuchung drei verschiedener Clubs und ihrer Internationalisierungsstrategien lässt sich zusammenfassend feststellen, dass die Internationalisierungsansätze starke Analogien aufweisen. Die Clubs haben die Relevanz der Internationalisierung erkannt und ihr strategisches Management zunehmend auf die internationalen Herausforderungen ausgerichtet. Manchester United nahm die Pionierstellung in der Internationalisierung professioneller Fußballclubs ein und sichert sich dadurch bis heute einen Vorsprung gegenüber der Konkurrenz (Deloitte Football Money League Platz 1). Weiterhin ist eine Korrelation zwischen der Internationalisierung und dem sportlichen Erfolg zu erkennen. Fußballclubs generieren durch nationale und primär durch internationale Erfolge eine Bekanntheit, die über den europäischen Kontinent hinausgeht. Aus dieser Popularität resultiert ein enormes Potenzial für Merchandising, Sponsoring und der Vermarktung von TV-Rechten. Durch das steigende Interesse am europäischem Fußball in Asien und dem enorm hohen Marktpotenzial fokussierten die Clubs ihre Internationalisierungsbestreben auf den asiatischen Markt. In den letzten zwei Jahren wurden die Internationalisierungsmaßnahmen auf den amerikanischen Markt ausgeweitet.

Die Untersuchung der drei Clubs ergibt, dass sie als primäres Ziel den Aufbau einer Marke und die Steigerung der Markenbekanntheit fokussieren. Als wesentliche Unterscheidungsmerkmale der Internationalisierungsstrategien lassen sich zwei Merkmale charakterisieren. Zum einen der Stellenwert der Zusammenarbeit mit Sponsoren und zum anderen die internationale Kommunikation der vereinsinternen Werte. Obwohl alle internationalisierenden Clubs mit Sponsoren in den Zielländern zusammenarbeiten, wird die Relevanz dieses operativen Geschäftsfeldes unterschiedlich eingeschätzt. Die

---

[147] Vgl. Brand, O. (2018), ruhrnachrichten.de.

Kommunikation der vereinsinternen Werte wird abweichend bemessen. Um die verschiedenen Internationalisierungsansätze graphisch zu verdeutlichen, wurde im Rahmen dieser wissenschaftlichen Arbeit eine Matrix erstellt, welche eine Differenzierung der verschiedenen Strategien anhand der beiden Merkmale vornimmt.

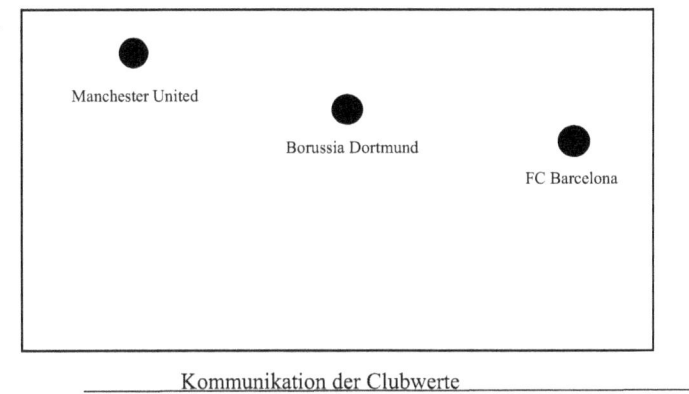

Abbildung 4: Strategiematrix zur Klassifizierung der Internationalisierungsansätze
Eigene Darstellung

Manchester United legt besonderen Wert auf die Zusammenarbeit mit internationalen Sponsoren und gehörte zu den ersten Teams, das solche Kooperationen einging. Durch Kooperationsmaßnahmen wird versucht die Beziehung der Fans zum Verein zu vertiefen. Dahingegen stellt die Kommunikation der Clubwerte einen nicht so elementaren Bestandteil der Internationalisierungsstrategie dar. Die Werte des Vereins basieren im Wesentlichen auf den Erfolgen in der Vergangenheit.

Borussia Dortmund begann die Zusammenarbeit mit internationalen Sponsoren später als Manchester United, nutze dabei die Bekanntheit ausländischer Spieler und baute sich so in den letzten Jahren ein internationales Sponsorennetzwerk auf. Zur Kommunikation der Vereinswerte nutzt der BVB seit dem Jahr 2010 den Slogan „Echte Liebe".[148] Der Slogan ist allerdings kritisch zu betrachten, da dieser erst im Rahmen der Erfolge kreiert wurde und nicht unbedingt die ursprünglichen Werte des Vereins charakterisiert. Trotz-

---

[148] Vgl. o.V. (2010), horizont.net.

dem wird dieser Slogan in Form von veränderten Corporate Design und sämtlichen Kommunikationsmaßnahmen, wie Autogrammkarten oder Plakaten, genutzt.[149]

Von den drei untersuchten Clubs misst der FC Barcelona der Kommunikation der Vereinswerte den größten Stellenwert zu. Der Slogan „mes que un club", zu Deutsch „mehr als ein Klub", charakterisiert die Identität des FC Barcelonas. Die Ursprünge dieses Slogans reichen bis ins 17. Jahrhundert zurück.[150] Der Verein maßt sich selbst eine große politische und soziale Verantwortung zu, was sich zum Beispiel in der Unterstützung des Kinderhilfswerks UNICEF wiederspiegelt. Dass der FC Barcelona bis zum Jahr 2006 keinen Trikotsponsor hatte, verdeutlicht welchen geringen Wert den Sponsoren zugemessen wurde. Allerdings wurden in den letzten Jahren Kooperationen mit internationalen Unternehmen eingegangen, um die Wettbewerbsfähigkeit sicherzustellen.

In diese Matrix lassen sich alle Vereine, die internationalisieren, einordnen. Generell ist festzustellen, dass die Internationalisierungsstrategien der Fußballclubs einander stark ähneln. Die Klassifizierung der Clubs anhand ihres Internationalisierungsstandes nach van Overloop verfügt mittlerweile nur über eine geringe Aussagekraft, da alle international erfolgreichen Clubs aktiv internationalisieren, es kaum noch nicht internationalisierende Clubs gibt und die meisten Vereine momentan im Wandel von einem passiven zu einem aktiv internationalisierenden Club sind. Unabhängig davon, welcher Verein internationalisiert, ist es für diesen unumgänglich, eine Kooperation mit internationalen Unternehmen einzugehen. Um die internationale Kommunikation sicherzustellen, nutzen alle Clubs die Social-Media-Kanäle und bieten darüber hinaus noch exklusive Inhalte für die weltweiten Fans an.

3.6 Erfolgsmessung der Internationalisierungsansätze

Im Gegensatz zum generellen Erfolg von Fußballvereinen lässt sich der Erfolg der Internationalisierungsbestreben nur schwer messen. Der Erfolg eines Fußballvereines lässt sich grundlegend in drei Bereiche unterteilen:

- Sportlicher Erfolg.
- Finanzielle Stabilität.
- Umsatz.[151]

---

[149] Vgl. Ophaus, B. (2018), wa.de.
[150] Vgl. Bukpiev, K. (2016), barcawelt.de.
[151] Vgl. Teichmann, K. (2007), S. 56f.

Um den Erfolg der Internationalisierung von Fußballunternehmen zu messen, gibt es in der Literatur noch keine Ansätze. Die drei wesentlichen Größen, welche sich für diese Betrachtung eignen könnten, sind:

- Social-Media-Follower.
- Merchandise-Umsatz.
- Sponsoren.

Die Social-Media-Kanäle sind zum zentralen Kommunikationsmittel in der Internationalisierungsstrategie aller Clubs geworden. Die Vereine legen viel Wert darauf, weltweit Fans mit Inhalten zu versorgen. Die Anzahl der Follower kann als Maßstab der Bekanntheit des Clubs genommen werden.

Eine weitere Größe zur Erfolgsmessung bilden die Einnahmen durch Merchandising. Der Umsatz, welcher durch den Verkauf von Fan-Artikeln generiert wird, macht mittlerweile einen beachtlichen Anteil des Gesamtumsatzes aus. Um den Umsatz dieses Geschäftsfeldes zu steigern, bieten die Clubs ihre Online-Fanshops in verschiedenen Sprachen an und liefern die Artikel weltweit aus.

Als dritter wesentlicher Faktor in der Erfolgsmessung lässt sich die Anzahl der internationalen Sponsoren nennen. Dass die Kooperation mit Sponsoren unumgänglich ist und nicht nur aufgrund der Sponsoringeinnahmen, sondern auch aufgrund des Potenzials zur Steigerung der Bekanntheit für die Vereine unumgänglich ist, wurde in den vorherigen Kapiteln bereits gezeigt. Regionale Kooperationen lassen sich meist erst durch Mitarbeiter in den Zielländern realisieren, weshalb alle großen Vereine eigene Niederlassungen vor Ort eröffnen. Unbeachtet der Differenzierung der einzelnen Sponsoren, lassen viele internationale und in den Zielländern vertretene Kooperationsunternehmen auf einen hohen Erfolg in der Internationalisierung schließen.

4. Fallbeispiel zur Internationalisierung des FC Bayern München

4.1. Vereinshistorie

Der FC Bayern München wurde am 27. Februar 1900 gegründet und hat sich mittlerweile zum sportlich und wirtschaftlich erfolgreichsten deutschen Fußballclub entwickelt. Der Verein wurde 28 Mal deutscher Meister, 18 Mal deutscher Pokalsieger, gewann dreimal den Europapokal der Landesmeister und zweimal die Champions-League.[152] 2017 ergab eine Befragung, dass 67,32 Millionen Menschen in Deutschland der Verein bekannt ist. Lediglich 2,77 Millionen Menschen gaben an, dass sie den Verein nicht kennen.[153] Neben der nationalen Bekanntheit verfügt der Verein mittlerweile auch über eine hohe Anzahl internationaler Fans. Der FCB ist mit knapp über 250.000 Mitgliedern der mitgliedsstärkste Fußballverein der Welt. Der zweitplatzierte Verein, Benfica Lissabon, hat 235.000 Mitglieder. Der FC Barcelona verzeichnet lediglich 177.000 aktive Mitgliedschaften.[154]

Um den wirtschaftlichen Anforderungen des internationalen Geschäfts gerecht zu werden und eine finanzielle Grundlage zu schaffen, wurde 2002 eine strukturelle Änderung vorgenommen. Der Verein FC Bayern München wurde in eine Kapitalgesellschaft, die FC Bayern München AG umgewandelt.[155] Teil dieser AG ist weiterhin der FC Bayern München e.V., welcher 75% der Anteile hält. Die restlichen 25% wurden gleichmäßig auf die drei Sponsoren Adidas, Audi und Allianz aufgeteilt.[156] Das Geld, welches durch den Verkauf der Stimmanteile eingenommen werden konnte, half dem Verein dabei den Stadionbau zu finanzieren. Seit 2014 ist die Heimstätte des FC Bayern München, die Allianz-Arena, komplett abbezahlt.[157]

Der Konzern erwirtschaftete in der Saison 2016/17 einen Rekordumsatz mit 640,5 Millionen Euro. Das operative Ergebnis (EBITDA) betrug 149,1 Millionen Euro.[158] Im internationalen Vergleich der finanzstärksten Fußballclubs belegte der FC Bayern Mün-

---

[152] Vgl. o.V. (n.d.), fcbayern.com.
[153] Vgl. IfD Allensbach (n.d.), statista.de.
[154] Vgl. o.V. (2014), handelsblatt.com.
[155] Vgl. o.V. (2002), faz.net.
[156] Vgl. FC Bayern München (2018), statista.de.
[157] Vgl. o.V. (2014), bundesliga.de.
[158] Vgl. o.V. (2017), fcbayern.com.

chen allerdings nur den vierten Platz, hinter Manchester United, dem FC Barcelona und Real Madrid.[159]

4.2. Umsetzung der Internationalisierung

4.2.1. Internationales strategisches Marketing

Im Folgenden werden die drei Dimensionen des internationalen strategischen Marketings nach Meffert und Burmann (vgl. Kapitel 2.3.) am konkreten Beispiel des FC Bayern München betrachtet.

4.2.1.1 Bedeutung der Marke

Wie bei allen Unternehmen, die internationalisieren, misst auch der Fußballclub FC Bayern München der Bedeutung der Marke eine entscheidende Rolle zu. Bei der strategischen Entscheidungsfindung zwischen globaler und lokaler Markenstrategie war die Wahl der globalen Markenstrategie aufgrund des Vereinscharakters alternativlos.

Andreas Jung, der Markenverantwortliche des FC Bayern München, definierte in einem Interview im Jahr 2013 die verschiedenen Facetten des Markenaufbaus. Der Markenaufbau setze sich aus dem sportlichen Erfolg, dem seriösen wirtschaftlichen Handeln und dem Markenauftritt zusammen.[160] Zur Kommunikation des Markenimages wird der Slogan „Mia san Mia" verwendet. Neben der hohen Identifikation mit der Region, wird vor allem der Wille zum Erfolg mit diesem Leitsatz ausgedrückt.[161] FC Bayern Spieler Thomas Müller definierte den bayrischen Leitsatz als extreme Siegermentalität und einen guten Schuss Selbstvertrauen, allerdings ohne arrogant zu wirken.[162]

Der FC Bayern München war, laut einer Studie der Londoner Agentur Brand Finance, zwischenzeitlich die teuerste Fußballmarke der Welt. Die Marke FC Bayern München wurde im Jahr 2013 auf einen Wert von 668 Millionen Euro beziffert. Der Verein wurde im Rahmen dieser Studie als „kommerzielles Kraftwerk" bezeichnet, welches seinen Fokus auf die globale Ausweitung der Markenstärke legen sollte.[163] Im Jahr 2017 wurde dieses Ranking allerdings wieder von Manchester United angeführt. Der bayrische Club belegte den fünften Platz mit einem Markenwert von 1,222 Milliarden Dollar.[164]

---

[159] Vgl. Hollasch, K. et al. (2017), S. 16f.
[160] Vgl. Lohmeyer, K. (2013), wuv.de.
[161] Vgl. Holzmann, E. (2018), ernstholzmann.blog.de.
[162] Vgl. o.V. (2018), sport1.de.
[163] Vgl. Merx, S. (2013), handelsblatt.com.
[164] Vgl. o.V. (2017), sport1.de.

4.2.1.2 Marktsegmentierung

Der FC Bayern München wählte im Rahmen der Auswahl der Marktsegmentierungs-strategie die internationale Marktsegmentierung. Hierbei liegt der Fokus auf der differenzierten Betrachtung der einzelnen Ländermärkte. Bis zum Jahr 2013 lag der Fokus der Internationalisierungsmaßnahmen auf dem asiatischen Markt. Während anfangs Japan in der Prioritätenliste vorne lag, wurde auch zunehmend der chinesische Markt bearbeitet. Seit dem Jahr 2014 wurden die Aktivitäten auf den amerikanischen Markt ausgeweitet. Bei der Auswahl der Zielmärkte wurden grundlegend zwei Kriterien betrachtet. Zum einen muss der jeweilige Markt eine hohe Fußballaffinität besitzen.[165] In China wird die Zahl der Fußballinteressenten auf 300 Millionen Menschen geschätzt.[166] Zum anderen muss auch die Konkurrenzsituation berücksichtigt werden. Auf den süd-ostasiatischen Märkten sind die Erfolgschancen des FC Bayern als gering einzuschätzen, da die englischen Vereine, allen voran Manchester United, dort schon seit längerer Zeit aktiv sind und über eine hohe Popularität verfügen.[167]

4.2.1.3 Markteintrittsstrategie

Die Markteintrittsstrategie des FC Bayern München lässt sich als transnationale Strategie vor dem Hintergrund der lokalen Anpassung charakterisieren. Im Unterschied zu Industrie- oder klassischen Dienstleistungsunternehmen können Fußballclubs nicht mit einer der bekannten Markteintrittsstrategien in die Zielmärkte eintreten. Der Spielbetrieb des FC Bayern München wird weiterhin in Deutschland stattfinden und der Austragungsort bei Heimspielen bleibt die Allianz Arena. Eine physische Präsenz der Mannschaft ist nur im Rahmen von Auslandsreisen während der Sommer- oder Winterpause möglich. Damit die internationalen Fans trotz der physischen Distanz eine gewisse Nähe zum Verein spüren, setzt der FC Bayern München auf den Einsatz moderner Informations- und Kommunikationstechniken. Im Jahr 2016 lag die Zahl der Fans und Follower bei 65 Millionen Menschen auf insgesamt 32 Social-Media-Kanälen. Alle Kanäle sind in verschiedenen Sprachen verfügbar. Dabei werden nicht einfach die ursprünglichen Inhalte übersetzt, sondern diese werden dem jeweiligen Land angepasst. Auf allen Kanälen sind einzigartige Inhalte verfügbar. Dadurch werden die Fans vielfach an den Verein gebunden, aber trotzdem individuell angesprochen.[168]

---

[165] Vgl van Overloop, P. (2013), S.170.
[166] Vgl. Steinmann, T. (2017), capital.de.
[167] Vgl van Overloop, P. (2013), S.171.
[168] Vgl. Erxleben, C. (2016), internetworld.de.

Weiterhin verfügt der FC Bayern München über einen chinesischen sowie einen amerikanischen Online-Fanshop. Im Jahr 2016 eröffnete der FCB jeweils ein Büro in China und in den USA. Neben der Nähe zu den regionalen Fans sollen dabei vor allem die Sponsoring-Aktivitäten ausgebaut werden. Jörg Wacker, Vorstand für Internationalisierung und Strategie, betonte, dass gemeinsam mit den regionalen Partnern spezielle Angebote entworfen werden sollen, um den FCB noch greifbarer zu machen.[169] Neben den Anteilseignern und dem Hauptsponsor Telekom kooperiert der Club in China mit dem Photovoltaik-Hersteller Yingli, in den USA mit dem Reifenhersteller GoodYear und weltweit mit Unternehmen wie der HypoVereinsbank, Siemens und SAP.[170]

4.2.2 International operatives Marketing

Im Folgenden werden die sieben Instrumente des dienstleistungsspezifischen Marketing-Mix auf den FC Bayern München übertragen.

- Produktpolitik

Das Kernprodukt des FC Bayern München stellt der nationale, sowie internationale Spielbetrieb dar. Dieses Produkt bleibt im Rahmen des Internationalisierungsprozesses unverändert und erfährt keine Adaption an die Zielmärkte. Der FCB strebt jede Saison eine Verbesserung des Kernproduktes an. Neben den nationalen Titeln wird auch dem Gewinn der Champions League eine entscheidende Rolle zugemessen, da sportliche Erfolge mit dem Internationalisierungserfolg korrelieren.[171]

Rund um den Spielbetrieb bietet der FC Bayern München diverse Zusatzprodukte. Für die internationalen Märkte relevant sind zum einen Merchandising und zum anderen Ticketing. In der Spielstätte des Clubs können Besucher die FC Bayern Erlebniswelt sowie ausführliche Stadionführungen buchen. Audioguides sind in allen gängigen Sprachen erhältlich. Durch diese Zusatzleistungen soll, vor allem für internationale Besucher, der Stadionbesuch zu einem Erlebnis werden, welcher die Identifikation mit dem Verein erhöht.

[169] Vgl. o.V. (2017), fcbayern.com.
[170] Vgl. Post, F. /Drucker, K. (2018), S. 6 f.
[171] Vgl. Breuer, M. et al. (2018), S.5.

- Distributionspolitik

Die internationale Distributionspolitik umfasst alle Entscheidungen bezüglich der Verteilung von materiellen und immateriellen Gütern. Als immaterielles Gut des FC Bayern München zählt die Live-Übertragung der Spiele. Die Vermarktung der Übertragungsrechte erfolgt in Deutschland zentral über die Deutsche Fußball Liga (DFL). Hierauf hat der Club keinen Einfluss. Die materiellen Güter des FCB sind Fanprodukte jeglicher Art. Neben dem Angebot des offiziellen Online-Shops für den chinesischen und dem amerikanischen Markt, ist der Verein eine Kooperation mit dem chinesischen Online-Warenhaus Tmall Global eingegangen. Vorstandvorsitzender Karl-Heinz Rummenigge verspricht sich dadurch eine größere Nähe zu der chinesischen Fangemeinde.[172]

- Preispolitik

Die internationalen Preispolitik des FC Bayern München betrifft die Trikotpreisen, sowie die Ticketpreise. Bei den Trikotpreisen gibt es für den Verein wenig Gestaltungsspielraum, da sowohl Design als auch der Preis vom Hersteller Adidas festgelegt wird. Der Preis für das aktuelle Heimtrikot liegt bei 89,95 €. Im nationalen Vergleich liegt das Trikot damit im oberen Bereich, im internationalen Vergleich im Durchschnitt.[173]

Die Ticketpreise in der Saison 17/18 lagen zwischen 15€ und 70€.[174] Ziel ist es, dass alle Fans sich einen Stadionbesuch leisten können. Im Vergleich zur englischen Premier League, wo ein Sitzplatz mittlerer Kategorie bis zu 100 Euro Kosten kann, sind die Preise des FC Bayern München fanfreundlich und moderat.[175] Die Preispolitik des deutschen Rekordmeisters lässt sich als standardisiert bezeichnen.

- Kommunikationspolitik

Unter der Kommunikationspolitik versteht der FC Bayern München hauptsächlich das Bereitstellen von Informationen zu aktuellen Geschehnissen rund um den Club. Hierbei nutzt der Verein neben seiner Homepage ebenfalls die Social-Media-Kanäle und seinen eigenen TV-Kanal. Der Verein wies im Jahr 2016 6,5 Millionen einzelne Besucher auf seiner eigenen Website aus. Da davon allerdings 80% aus Deutschland stammten, wurde das Sprachangebot nun auf acht Sprachen erweitert. Den Verantwortlichen ist dabei wichtig, dass in den jeweiligen Verwaltungsgebieten authentisch vorgegangen wird.

---

[172] Vgl. o.V. (2015), fcbayern.com.
[173] Vgl. Kraus, B. (2015), noz.de.
[174] Vgl. o.V. (2017), fcbayern.com.
[175] Vgl. Eichler, C. (2016), faz.net.

Dies kann am besten erreicht werden, wenn Mitarbeiter vor Ort an die kulturellen Besonderheiten angepasste Inhalte bereitstellen. Obwohl der Verein mit 39 Millionen Facebook-Fans in den Top 5 der professionellen Fußballclubs liegt, versucht der Verein die Fans auf die Clubhomepage zu locken. Hier lassen sich die Werbung von Sponsoren und die Merchandising-Produkte besser platzieren.[176]

Die Social-Media-Strategie des FC Bayern München verfolgt zwei wesentliche Zielsetzungen: Identifikation erhöhen und eine emotionale Bindung schaffen. Auf den verschiedenen Plattformen folgen dem Verein über 70 Millionen Menschen. Großes Potenzial sieht der Verein in der One-to-one-Kommunikation in Messengern und Live-Videos. Die Aktivitäten auf der Plattform Snapchat werden momentan ausgeweitet.[177]

Mittlerweile ist der Verein auch auf dem chinesischen Portal WeChat und dem russischen Ableger von Facebook Vcontacts vertreten. Stefan Mennerich, Director of Digital Media beim FC Bayern München, definierte die Aufgabe der Kommunikationspolitik darin, dass spezifische Inhalte für einzelne Länder und Plattformen bereitgestellt werden müssen. Dadurch soll die Internationalisierung vorangetrieben werden.[178]

- Personalpolitik

Für die weltweiten Fans stellen die Spieler und die Verantwortlichen des FC Bayern München den Identifikationspunkt mit dem Verein dar. Negatives Verhalten der Mitarbeiter wirkt sich negativ auf das Vereinsimage aus. Beim bayrischen Rekordmeister gab es in den vergangenen Jahren eine Reihe von negativen Vorfällen. Während der FC Bayern Spieler Franck Ribéry von der Anklage, Sex mit einer minderjährigen Prostituierten gehabt zu haben, freigesprochen wurde,[179] musste der langjährige Präsident Uli Hoeneß aufgrund von Steuerhinterziehung für 3 ½ Jahre ins Gefängnis.[180] Durch eine gezielte Kommunikationspolitik versucht der FC Bayern München den negativen Imageauswirkungen seiner Mitarbeiter entgegenzuwirken.

- Ausstattungspolitik

Im Rahmen der Ausstattungspolitik achtet der FC Bayern München auf ein homogenes Auftreten seiner Mitarbeiter. Zu internationalen Spielen tragen alle Beschäftigten Anzü-

---

[176] Vgl. Jans, G. (2016), ispo.com.
[177] Vgl. o.V. (2017), absatzwirtschaft.de.
[178] Vgl. Sellin, H. (2014) onlinemarketing.de.
[179] Vgl. o.V. (2014), tagesspiegel.de.
[180] Vgl. o.V. (2016), spiegel.de.

ge, bei nationalen Reisen wird die eigene Trainingsbekleidung getragen. Dem Verein geht es vor allem um das Wiedererkennen der Vereinsfarbe rot. Bei Heimspielen wird daher die Heimspielstätte von außen rot beleuchtet.

- Prozesspolitik

Die Prozesspolitik zielt darauf ab, eine fehlerfreie Durchführung der einzelnen Prozessschritte, mit denen die Fans in Kontakt kommen, zu gewährleisten. Da es in der Kommunikation mit den internationalen Fans zu keinem direkten physischen Kontakt kommt, besitzt dieses Marketinginstrument eine geringere Relevanz für den FC Bayern München.

4.2.3 Internationalisierungsprozess am Beispiel des FC Bayern München

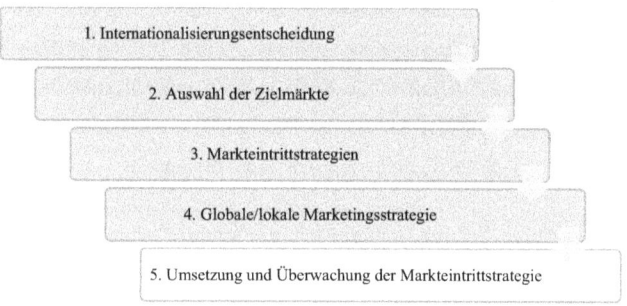

1. Internationalisierungsentscheidung

2. Auswahl der Zielmärkte

3. Markteintrittstrategien

4. Globale/lokale Marketingsstrategie

5. Umsetzung und Überwachung der Markteintrittstrategie

Abbildung 5: Internationalisierungsprozess am Beispiel des FC Bayern München
In Anlehnung an Hollensen, S. (2007), S. 150.

Die Übertragung des prototypischen Internationalisierungsprozesses auf das Fallbeispiel FC Bayern München zeigt, dass der Verein sich mittlerweile bei der Umsetzung und Überwachung der Markteintrittsstrategie befindet. Die Internationalisierungsentscheidung stellte sich dem Verein nicht wirklich. Durch die Internationalisierung anderer, großer europäischer Vereine, war die Internationalisierung des deutschen Rekordmeisters vor dem Hintergrund der Sicherung der sportlichen Wettbewerbsfähigkeit alternativlos. Die Auswahl der Zielmärkte erfolgte nach dem Kriterium der Fußballaffinität in dem jeweiligen Zielmarkt und der herrschenden Konkurrenzsituation. Märkte, die weniger erfolgversprechend erschienen, wie die südostasiatischen, wurden vom Verein nicht bearbeitet. Märkte, die genügend Fanpotenzial für mehrere internationalisierende Clubs aufweisen (USA, China) sind auch beim FC Bayern München in den Fokus gerückt. Die Markteintrittsstrategie des FC Bayern München wird in Kapitel 4.3.1.3 beschrieben. Diese beruht auf dem Einsatz der digitalen Kommunikationstechniken und der Akquise von neuen Kooperationspartnern. Der vierte Punkt des Internationalisierungsprozesses, die Entscheidung zwischen Differenzierung und Standardisierung, bearbeitet der Club insofern, dass eine globale Strategie entworfen wurde, welche für die Zielmärkte adaptiert wurde. Den länderspezifischen Besonderheiten wird eine große Bedeutung zugemessen, weshalb eigene Büros mit lokalen Mitarbeitern eröffnet wurden. Einstellungskriterium der Mitarbeiter ist, dass sie selbst Bayern Fans sind, denn nur so können sie die Emotionen des Vereins wirklich übertragen.[181] Die Rolle der lokalen Anpassung betont Stefan Mennerich, indem er sagt, dass der Inhalt, den ein Chinese morgens auf seinem Rechner bekommt, ein ganz anderer sein muss, als der, den ein Amerikaner mittags auf dem Smartphone sieht."[182]

Die Internationalisierungsentscheidung, die Auswahl der Zielmärkte und die Strategieentwicklung beim FC Bayern München ist abgeschlossen. Momentan befindet sich der Verein in der Umsetzung und der Kontrolle der Markteintrittsstrategie. Der Internationalisierungserfolg des FC Bayern München wird in Kapitel 4.3 genauer untersucht.

4.2.4 Internationalisierungsmaßnahmen

Neben den klassischen Marketinginstrumenten lassen sich am Beispiel FC Bayern München weitere operative Marketingmaßnahmen im Internationalisierungsprozess ausmachen:

Zum einen kann die Verpflichtung von ausländischen Spielern als Maßnahme genutzt werden, die Bekanntheit des Vereins im Ausland zu erhöhen. Welche Auswirkungen so eine Verpflichtung haben kann, wurde am Beispiel der Verpflichtung von Shinji Kagawa durch Borussia Dortmund bereits in Kapitel 3.5.3 dargestellt. Allerdings betonten die Verantwortlichen des FC Bayern mehrfach, dass Spieler nur aus sportlichen und nicht aus marketingtechnischen Gründen verpflichtet werden.[183]

Zum Beginn der Saison 2017/18 verpflichtete der FC Bayern München den kolumbianischen Nationalspieler James Rodriguez im Rahmen eines Leihgeschäfts von Real Madrid. Die Verpflichtung von James, der sich mittlerweile zum unangefochtenen Stammspieler entwickelt hat, brachte dem FC Bayern München auch aus marketingtechnischer Sicht voran. Mit seinen 71,7 Millionen Followern auf den sozialen Netzwerken belegt er im Vergleich aller Fußballspieler den vierten Platz. Durch die Verpflichtung von Ja-

---

[181] Vgl. Jans, G. (2016), ispo.com.
[182] Vgl. Jans, G. (2016), ispo.com.
[183] Vgl. Strasser, P. (2011), abendzeitung-muenchen.de.

mes stieg die Anzahl der Fans in Südamerika. Seit der Verpflichtung erhöhte sich die Anzahl der Follower auf dem spanischen Twitteraccount des Clubs von 41.000 auf 350.000. Die Marketingauswirkung war nicht der primäre Grund der Verpflichtung, wird allerdings bei der Entscheidung eine Rolle gespielt haben.[184]

Zum anderen bieten sich die mehrfach genannten Marketing-Reisen als Maßnahme um die Internationalisierung voranzutreiben. Diese bieten die einzige physische Kontaktmöglichkeit der internationalen Fans mit den Spielern des FC Bayern. Seit der ersten Asien-Reise im Jahr 2008, reist der Club jährlich mindestens 2 Wochen durch die Welt.[185] Auch Uli Hoeneß betonte die Relevanz der Marketing-Reisen: „Wenn du die neuen Märkte beackern willst, dann musst du dahin."[186]

Die Vorbereitungen für die Saison 2018/19 absolviert der Club in den USA. Gemeinsam mit Hauptsponsor und Anteilseigner Audi, werden drei Spiele gegen europäische Spitzenclubs in verschiedenen Städten durchgeführt. Für Jörg Wacker, Vorstand für Internationalisierung und Strategie der FC Bayern München AG, ist die Audi Summer Tour ein wichtiger Baustein im weltweiten Markenausbau und soll den Fans in den USA die Chance geben, die Mannschaft live in ihrem Heimatland zu erleben.[187]

---

[184] Vgl. o.V. (2017), tz.de.
[185] Vgl. van Overloop, P. /Herrmanns, A. (2009), S.263.
[186] Zitiert nach o.V. (2017), tz.de.
[187] Vgl. o.V. (2018), blickpunkt-ingolstadt.de.

4.3. Erfolgsmessung und Kritische Beurteilung

Der Erfolg der Marketingstrategie wird am digitalen Auftritt festgemacht. Für die Bewertung des Internationalisierungserfolges bietet es sich an, die Veränderungen der Social-Media-Follower zu betrachten.

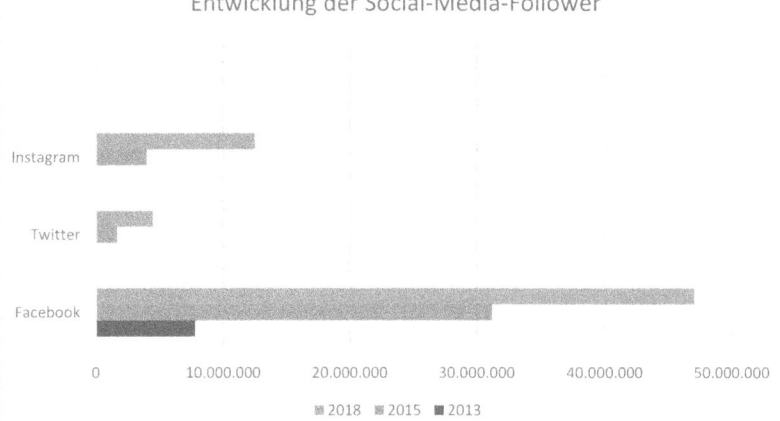

Abbildung 6: Entwicklung der Social-Media-Follower
Eigene Darstellung in Anlehnung an: KPMG (n.d), statista.de; Wulf, J. et al. (2015), o.S.

In dieser Darstellung erkennt man, dass die Anzahl an Followern in den letzten Jahren rasant angestiegen ist. Für die Plattformen Instagram und Twitter liegen Zahlen erst ab 2015 vor, da der Verein diese Plattformen erst seit 2014 aktiv bearbeitet. Die oben durchgeführte Auswertung bezieht sich allerdings nur auf die offiziellen deutschen Kanäle des FC Bayern Münchens. Die Reichweite der Social-Media-Accounts in den jeweiligen Ländersprachen ist ein nicht zu vernachlässigender Faktor. Weiterhin ist festzuhalten, dass die Anzahl der Social-Media-Follower nicht als alleiniger Parameter des digitalen Erfolgs zu nennen ist. Die Anzahl der Interaktionen mit den Fans ist ein gleichwertig zu betrachtender Faktor.

Die Red-Card-Studie untersucht den digitalen Erfolg der Fußballclubs auf dem chinesischen Markt unter Berücksichtigung folgender Parameter: Anzahl der Follower, lokaler Content und Engagement. Dass der FC Bayern München diese Studie seit dem Jahr 2016 anführte, zeigt, welche Erfolge die Kommunikationsstrategie bereits in China verzeichnete. Die Social-Media-Strategie ist definitiv einer der Schlüsselfaktoren des Internationalisierungserfolges.

Neben den sozialen Medien spiegelt sich der Erfolg der Kommunikationsstrategie in den Aufrufen der Homepage wieder. Im Jahr 2012 verzeichnete der FC Bayern München 680.000 Besucher auf seiner Website.[188] Diese Zahl stieg bis zum Jahre 2016 auf 6,5 Millionen Besucher.[189] Ein wesentlicher Faktor für diese enorme Steigerung ist, dass die Homepage mittlerweile in acht Sprachen zur Verfügung steht und dass die steigende Bekanntheit zu einem steigenden Interesse der weltweiten Fans geführt hat.

Die Entwicklung der Merchandising-Einnahmen wurde von Deloitte in der Studie Football Money League 2018 dargestellt:

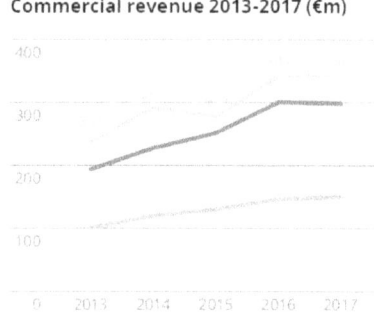

Commercial revenue 2013-2017 (€m)

Abbildung 7: Entwicklung der kommerziellen Erlöse des FCB
Quelle: Hollasch, K. et al. (2017), S. 17.

Es ist zu erkennen, dass die kommerziellen Erlöse (grün) sich innerhalb von 3 Jahren um knapp 100 Millionen Euro erhöht haben. Damit liegt der FC Bayern München über dem Durschnitt der Top-5 (schwarz) und deutlich über dem Durchschnitt der Erlöse welche von den 20 finanzstärksten Clubs erzielt wurden (grau).[190] Dazu, inwiefern die kommerziellen Erlöse auf internationalen Märkten generiert wurden, gibt es keine Auswertung. Es ist aber anzunehmen, dass der erhöhte Distributionsgrad mit dieser Entwicklung korreliert.

Der dritte Faktor zur Messung des Internationalisierungserfolges, die Anzahl der Sponsoren des FC Bayern München, beträgt 29. Allerdings sind diese sowohl national, als auch international und schließen die drei Anteilseigner Adidas, Audi und Allianz mit ein. Dass die Quantität alleine kein Erfolgskriterium ist, betonte auch der Vorstandsvor-

---

[188] Vgl. Meedia (n.d.), statista.de.
[189] Vgl. Jans, G. (2016), ispo.com.
[190] Vgl. Hollasch, K. et al. (2017), S. 17.

sitzende des Vereins: „Wenn man sich unsere Sponsoren namentlich anschaut, haben wir bereits erstklassige Partner. Wir wollen eher die Qualität fördern als die Quantität: Wir wollen diese Partnerschaften qualitativ verstärken, statt immer mehr Sponsoren anzunehmen."[191] Aus diesem Grund wird die diesjährige Marketing-Reise mit dem langjährigen Partner Audi durchgeführt und nicht ein neuer Sponsor akquiriert.

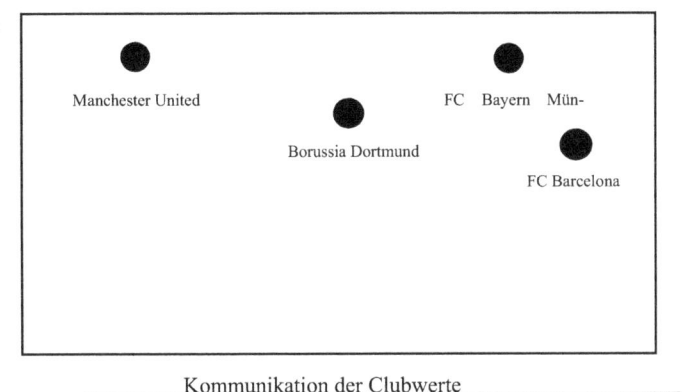

Abbildung 8: Klassifizierung des FC Bayern München in der Strategiematrix
Eigene Darstellung

In der entwickelten Strategiematrix, welche bereits in Kapitel 3.5.4 gezeigt wurde, lässt sich der FC Bayern München im rechten oberen Eck einordnen. Der Verein verfolgt bei seiner Internationalisierungsstrategie das Ziel, sowohl die Sponsoren stark einzubinden, als auch die Werte des Clubs, ausgedrückt in dem bayrischen Slogan „mia san mia", zu kommunizieren. Während Manchester United vermehrt auf die Quantität der Sponsoren setzt, versucht der FC Bayern München qualitativ Sponsoren zu akquirieren. Eine so starke Kommunikation der Clubwerte, ausgedrückt durch soziale Projekte, wie beim FC Barcelona ist einzigartig und wird durch den FC Bayern München nicht erreicht. Dieser versucht sowohl für die internationalen, als auch für die bayrischen Fans einen starken Bezugspunkt zu bilden. Diese Kombination aus Kommunikation der Clubwerte und der starken Zusammenarbeit mit Sponsoren hat sich im Rahmen dieser wissenschaftlichen Arbeit als Erfolgsrezept herausgestellt und begründet unter anderem den Internationalisierungserfolg des Clubs. Dadurch konnte der Rückstand auf die anderen Clubs in den letzten Jahren deutlich verringert werden.

---

[191] Zitiert nach: Hirn, W. (2005), manager-magazin.de.

Der Internationalisierungsprozess des FC Bayern München lässt sich allerdings auch durchaus kritisch beurteilen. Während der bayrische Rekordmeister im nationalen Vergleich eindeutig der am stärksten internationalisierende Club ist, besteht im europäischen Vergleich durchaus noch Potenzial. Ein Vorwurf, den man den Verantwortlichen machen kann, ist, dass die Internationalisierungsentscheidung erst recht spät getroffen wurde. Erste Maßnahmen der Internationalisierung wurden erst rund sieben Jahre später als bei Manchester United umgesetzt. Ein weiterer Kritikpunkt ist, dass der Verein bei der Marktsegmentierung ein ähnliches Muster wie die Konkurrenzvereine verfolgt hat. Als attraktive Märkte lassen sich ebenfalls der indische sowie der komplette südamerikanische Markt nennen. Der FC Bayern München beschäftigt einen chilenischen, einen brasilianischen, einen kolumbianischen und mehrere spanischsprachige Spieler, was den Markteintritt in Südamerika deutlich vereinfachen könnte. Da diese beiden Märkte von den Konkurrenzvereinen im Rahmen ihrer Internationalisierungspolitik noch unerschlossen sind, hätte der Verein die Chance eine Pionierstellung einzunehmen und großen Zuwachs in der Bekanntheit, sowie in den Umsätzen durch Merchandising, zu realisieren.

Ferner würde die Verpflichtung eines asiatischen Spielers ein steigendes Interesse auf diesen Märkten hervorrufen und könnte durch gezielte Marketing-Kampagnen einen enormen Internationalisierungserfolg bedingen. Da die Verpflichtungen nur aus sportlichen Gesichtspunkten getroffen werden, könnte der Verein die Scouting-Aktivitäten in Asien ausbauen und somit versuchen, einen sportlichen Volltreffer zu landen, der einen positiven Marketingeffekt mit sich bringt.

5. Schlussbetrachtung

Als finales Ergebnis dieser wissenschaftlichen Arbeit und der Untersuchung der Internationalisierungsstrategien von professionellen Fußballclubs hat sich herausgestellt, dass die klassischen Internationalisierungsansätze, wie sie in weitreichender, wissenschaftlicher Literatur beschrieben werden, nur begrenzt auf professionelle Fußballclubs übertragbar sind.

Hierbei müssen vor allem der sportspezifische Hintergrund und die Besonderheiten des Fußballgeschäfts mitberücksichtigt werden. Die Relevanz der internationalen strategischen Ausrichtung hat in den letzten Jahren stark zugenommen und wird auch zukünftig weiter zunehmen. Es wurde festgestellt, dass die Einteilung der Fußballclubs hinsichtlich ihrer Internationalisierungsbestreben von van Overloop nur noch begrenzt anwendbar ist. Im Jahr 2018 befinden sich alle Vereine im Wandel zu aktivinternationalisierenden Fußballclubs, was für sie vor dem Hintergrund der Sicherung der sportlichen und finanziellen Wettbewerbsfähigkeit alternativlos ist.

Es wurden die Internationalisierungsansätze von vier verschiedenen Fußballclubs analysiert. Dabei hat sich herausgestellt, dass diese Vereine alle einen ähnlichen Internationalisierungsansatz verfolgen. Der Fokus der Clubs liegt auf der Steigerung der Markenbekanntheit und der Akquisition von Sponsoren. Dadurch sollen vor allem die kommerziellen Erlöse gesteigert werde. Die Strategiematrix, mit dem Ziel die Unterscheidungsmerkmale der einzelnen Strategien herauszuarbeiten, wurde mit den Kriterien der Zusammenarbeit mit Sponsoren und der Kommunikation der Clubwerte versehen.

Es ist zu erkennen gewesen, dass, obwohl Vereine äquivalente Ziele anstreben, sie ihren Fokus auf unterschiedliche Merkmale legen. Als Kommunikationsmittel hat sich vor allem der Einsatz von digitalen Medien in den Mittelpunkt gedrängt. Vereine versuchen nicht nur über Social-Media-Plattformen, die physische Distanz zu ihren internationalen Fans zu umgehen, sondern versuchen auch durch Zusatzinhalte, wie clubeigene TV-Sender und Live-Videos, in ständigem Kontakt mit diesen zu stehen. Die Pionierstellung in der Internationalisierung von Fußballclubs hat Manchester United eingenommen. Dadurch hat der Verein sich in ganz Asien eine große Bekanntheit gesichert.

Es ist weiterhin aufgefallen, dass die Internationalisierungsmaßnahmen anfangs ausschließlich für den asiatischen Markt, mittlerweile aber auch für den amerikanischen Markt entwickelt werden. Dabei ist kritisch anzumerken, dass Märkte, denen man ein hohes Potenzial zumisst, wie Indien und Südamerika, von den Fußballclubs bislang nicht erschlossen wurden. Um den Internationalisierungserfolg von Fußballclubs zu bewerten, wurden verschiedene Kriterien examiniert und auf ihre Aussagekraft überprüft, da es zu dieser Thematik bislang keine wissenschaftlichen Ansätze gibt.

Am Fallbeispiel des FC Bayern Münchens ließ sich feststellen, dass diese nur über eine geringe Aussagekraft verfügen und der Internationalisierungserfolg nur durch eine ganzheitliche Betrachtung bewertet werden kann. Das Fallbeispiel zeigte weiterhin, dass nicht alle Internationalisierungsmaßnahmen von Fußballclubs den klassischen Marketinginstrumenten zuordenbar sind. Dieses Beispiel zeigte, dass ein Verein, der vergleichsweise spät mit der Internationalisierung begonnen hat, durch gezielte Marketingmaßnahmen, insbesondere durch das Entwickeln einer einzigartigen Social-Media-Strategie, den Anschluss zur internationalen Konkurrenz verringern konnte.

Abschließend sind deutliche Parallelen zwischen den Internationalisierungsansätzen der vorgestellten Fußballclubs erkennbar. Diese unterscheiden sich jedoch von den Internationalisierungsansätzen, wie sie in wissenschaftlicher Literatur vorzufinden sind. Das ist darin begründet, dass professionelle Fußballclubs mit ihren besonderen Rahmenbedingungen eine eigenständige Betrachtung benötigen. Die geringen Unterschiede der Strategien beziehen sich im Gros auf eine differenzierte Kommunikations- und Kooperationsstrategie.

Literaturverzeichnis

Wissenschaftliche Literatur:

Ahlert, G. (2013): Die wirtschaftliche Bedeutung des Sports in Deutschland, Osnabrück.

an der Heiden, I. /Meyrahn, F. /Repenning, S. /Ahlert, G. /Preuß, H. (2015): Wirtschaftsfaktor Fußball, Berlin.

Balzer, A.; Roth, F. (2006): Fußball ist das moderne Lagerfeuer in: Horizont, Nr. 24/2006, S. 21.

Beech, J. /Chadwick, S. (2007): The Marketing of Sport, Essex.

Behrenbeck, K. /Ecker, T. /Gatzer, S, /Netzer,T. /Reimig, S. /Strojny, P. /Tacke, T. (2015): Wachstumsmotor Bundesliga, Köln.

Benkenstein, M. (2001): Entscheidungsorientiertes Marketing, Wiesbaden.

Berndt, R. /Altobelli, C. /Sander,M. (2016): Internationalisierung und internationales Marketing-Management, 5. Auflage, Berlin.

Boor, S. /Hanson, C. /Ross, C. (2018): Football Money League, Manchester.

Breuer, M. /Druker, K. /Grotz, M. (2018): Internationalisierung im Profisport, 1. Auflage, Döhlau.

Bruhn, M. /Hadwich, K. (2017): Dienstleistungen 4.0: Konzepte – Methoden – Instrumente, Wiesbaden.

Bühler, A /Nufer, G. (2011): Marketing im Sport, 2. Auflage, Berlin.

Chadwick, S. /Arthur, D. (2007): International Cases in the Business of Sport, Oxford

Dehnen, H. (2012): Markteintritt in Emerging Market Economies, Filderstadt.

Dreyer, D. (2004): Bewertung personalintensiver Dienstleistungen, Wiesbaden.

Finsterbusch, S. (2005): Zwei Spiele, vier Tage, zwei Millionen Euro. in: Frankfurter Allgemeine Zeitung vom 30.07.2005, S. 18.

Freyer, W. (2011): Sport-Marketing: Modernes Marketing für die Sportwirtschaft, 4. Auflage, Berlin.

Gollwitzer, M. /Karl, R. (1998): Logistik-Controlling, München.

Heincmann, K. (2001): Grundprobleme der Sportökonomie, in: Hermanns, A /Riedmüller, F. (Hrsg.): Management-Handbuch Sport-Marketing, 1. Auflage, München, S. 15-33.

Hermanns, A. /Marwitz, C. (2008): Sponsoring: Grundlagen, Wirkungen, Management, Markenführung, 3. Auflage, München.

Hermanns, A. /Riedmüller, F. (2012): Marketing im Sport: Status Quo und Handlungsrahmen, in: Galli, A. /Elter, V. /Gömmel, R. /Holzhäuser, W /Straub, W. (Hrsg.): Sportmanagement: Finanzierung und Lizensierung, Rechnungswesen, Recht und Steuern, Controlling, Personal und Organisation, Marketing und Medien, 2. Auflage, München, S. 371-393.

Hollasch, K. /Lachmann, K. /Lehmkühler, B. /Menzel, F. /Gausselmann, S. (2017): Annual Review of Football Finance.

Hollensen, S. (2007): Global Marketing, 4. Auflage, Essex.

Holtbrügge, D. /Puck, F. (2008): Geschäftserfolg in China: Strategien für den größten Markt der Welt, 2. Auflage, Heilbronn.

Johnson, J. /Tellis, G. (2008): Drivers of Success for Market Entry into China and India, London.

Keegan, W./Green, M. (2008): Global Marketing, 5. Auflage, Upper Saddle River, New Jersey.

Kutschker, M. /Schmid S. (2008): Internationales Management, 6. Auflage, München.

Macharzina, K./Wolf J. (2005): Unternehmensführung, 5. Auflage, Wiesbaden.

McCarthy, E. (1960): Basic Marketing: A Managerial Approach, Homewood.

Meffert, H. /Bolz, J. (1998): Internationales Marketing Management, 3. Auflage, Stuttgart-Berlin-Köln.

Meffert, H. (2000): Internationalisierungskonzepte im Dienstleistungsbereich — Bestandsaufnahme und Perspektiven, in Belz, C. /Bieger, T. (Hrsg.): Dienstleistungskompetenz und innovative Geschäftsmodelle, St. Gallen, S,504-519.

Meffert, H. /Burmann, C./ Koers, M. (2002): Markenmanagement, 1. Auflage, Wiesbaden.

Meffert, H. /Burmann, C./ Kirchgeorg, M. (2008): Marketing- Grundlagen marktorientierter Unternehmensführung, 10. Auflage, Wiesbaden.

Meffert, H. /Burmann, C. /Becker, C. (2010): Internationales Marketing Management, 4. Auflage, Stuttgart.

Meffert, H. /Bruhn, M. /Hardwich, K. (2015): Dienstleistungsmarketing, 8. Auflage, Wiesbaden.

Moore, K. /Lewis, D. (1998): The First Multinationals, in: Management International Review, Heft 38, S. 95-107.

Onkvisit, S. /Shaw, J. (2009): International Marketing, 5. Auflage, New York.

Overloop, P. C. van; Hermanns, A. (2009): Ausdehnung der Wertschöpfung im Profifußball durch Internationalisierung, in: Denzel, M. /Wagner-Braun, M. (Hrsg.): Wirtschaftlicher und sportlicher Wettbewerb, Stuttgart, S. 359-376.

Pausenberger, E. (1994): Die Internationalisierung von Unternehmungen: Strategien und Probleme ihrer Umsetzung, Stuttgart.

Perlitz, M. (2004): Internationales Management, 5. Auflage, Stuttgart.

Porter, M. E. (1999): Wettbewerbsstrategien: Methoden zur Analyse von Branchen und Konkurrenten, 10. Auflage, Frankfurt a.M.

Post, S./ Drucker, K. (2018): Eine Untersuchung zum Internationalisierungsstand der Bundesliga 2015/16, in: Internationalisierung im Profisport, Heft 1, 2018, S. 4-31.

Powers, T /Loyka, J (2010): Adaptation of Marketing Mix Elements in International Markets, London.

Rohlmann, P. (2008): Vermarktung und Management von Merchandisingrechten im Sport, in: Hermanns, A. /Riedmüller, F. (Hrsg.): Management-Handbuch Sport-Marketing, 2.Auflage, München, S. 293-310.

Scherm, E. /Süß, S. (2001): Internationales Management, München.

Schlepper, F. (2014): Vermarktung von Sportveranstaltungen, 1. Auflage, Münster.

Schubert, M. (2008): Besonderheiten des Sports für das Marketing, in: Hermanns, A. (Hrsg.): Management-Handbuch Sport-Marketing, 2. Auflage, München, S. 87-99.

Simon, H. /Fassnacht, M. (2008): Preismanagement, 3. Auflage, Wiesbaden.

Sternad, D. (2013): Die Internationalisierungsentscheidung, in: Sternad, D. (Hrsg.): Grundlagen Export und Internationalisierung, Wiesbaden, S. 112-135.

Szymanski, S. /Kuypers, T. (2000): Winners and Losers, London.

Teichmann, K (2007): Strategie und Erfolg von Fußballunternehmen, Wiesbaden.

van Overloop, P. (2013): Internationalisierung professioneller Fußballclubs, Ottobrunn.

Vöpel, H. /Steinhardt, M. (2008): Wirtschaftsfaktor Fußball, Hamburg.

Walsh, G. /Deseniss, A. /Kilian, T. (2009): Marketing – Eine Einführung auf der Grundlage von Case Studies, Walsh.

Westetbeek, H.M /Shilbury, D. (1999): Increasing the Focus on "Place" in the Marketing Mix for Facility Dependent Sport Services, in: Journal of Sport Management Review, Heft 1, 2. Jg, S. 1-23.

Wißmeyer, U. (1992): Strategien im internationalen Marketing, Wiesbaden.

Woratschek, H /Beier, K. (2001): Sportmarketing, in: Tscheulin, D. /Helmig, B. (Hrsg.): Branchenspezifisches Marketing: Grundlagen, Besonderheiten,Gemeinsamkeiten, Wiesbaden, S. 204-235.

Wulf, J. /Söllner, M. /Leimeister, J. M. /Brenner, W. (2015): FC Bayern München Goes Social – The Value of Social Media for Professional Sports Clubs. In: 23rd European Conference on Information Systems (ECIS 2015), Münster.

Zentes, J. /Swoboda, B. (2001): Grundbegriffe des Marketings, 5. Auflage, Stuttgart.

Zerres, C. (2017): Handbuch Marketing-Controlling, 4. Auflage, Berlin-Heidelberg.

Internetquellen:

Alle Quellen zuletzt abgerufen am 08.06.2018.

Brand, O. (2018), ruhrnachrichten.de, URL:
https://www.ruhrnachrichten.de/Sport/BVB/BVB-treibt-Internationalisierung-mit-USA-Trip-voran-1252497.html.

Bukpiev, K. (2016), barcawelt.de, URL: https://www.barcawelt.de/sonstiges/mes-que-un-club-ursprung-bedeutung-und-umsetzung-des-credos-des-fc-barcelona.

Dunne, F. (2017), sportbusiness.com, URL:
https://www.sportbusiness.com/sportbusiness-international/fc-barcelona-how-become-first-billion-euro-year-football-club.

Eichler, C. (2016), faz.net, URL: http://www.faz.net/aktuell/sport/fussball/ticketpreise-in-england-sorgen-fuer-unmut-bei-den-fans-14069046.html.

Erxleben, C. (2016), internetworld.de, URL: https://www.internetworld.de/social-media/social-network/social-media-strategie-verfolgt-fc-bayern-1146799.html.

FC Bayern München. (n.d.): Anteilseigner der Bayern München AG (Stand: 2018). Statista. Zugriff am 8. Juni 2018. Verfügbar unter
https://de.statista.com/statistik/daten/studie/164268/umfrage/anteilseigner-der-bayern-muenchen-ag/.

Hirn, W. (2005), manager-magazin.de, URL: http://www.manager-magazin.de/unternehmen/artikel/a-366340-5.html.

Holzmann, E. (2018), ernstholzmann.blog, URL:
https://ernstholzmann.blog/2018/02/15/mia-san-mia-der-fc-bayern-muenchen-als-beispiel-fuer-perfekte-markenfuehrung/.

IfD Allensbach (n.d.) Anzahl der Personen in Deutschland, denen der FC Bayern München bekannt ist, von 2013 bis 2017 (in Millionen), statista.de, URL:
https://de.statista.com/statistik/daten/studie/171073/umfrage/bekanntheit-des-fussballvereins-fc-bayern-muenchen/.

IMF (n.d.) Bruttoinlandsprodukt (BIP) in den BRIC-Staaten in jeweiligen Preisen von 2008 bis 2018 (in Milliarden US-Dollar), statista.de, URL:

https://de.statista.com/statistik/daten/studie/248577/umfrage/bruttoinlandsprodukt-bip-in-den-bric-staaten/.

Jans, G. (2016), ispo.com, URL: https://www.ispo.com/people/id_79080798/fc-bayern-4-0-mit-neuer-digitalstrategie-an-die-weltspitze.html.

KPMG (n.d.) Number of social media followers of FC Bayern München worldwide as of December 2017, by platform (in millions), statista.de, URL: https://www.statista.com/statistics/805027/fcbayern-munchen-worldwide-social-media-following-platform/.

Kraus, B. (2015), noz.de, URL: https://www.noz.de/deutschland-welt/fussball/artikel/615420/preisvergleich-1-fc-koln-verkauft-billigstes-trikot.

Laub, M. (2012), handelsblatt.com, URL: http://www.handelsblatt.com/sport/fussball/trikotsponsoring-das-ende-von-barcas-kommerzfreier-brust/7442744-all.html?ticket=ST-32655-V2pMKOetVK5S4exnGZna-ap3.

Lohmeyer, K. (2013), wuv.de, URL: https://www.wuv.de/marketing/die_marke_fc_bayern_unser_produkt_hat_22_beine_und_laeuft_auf_dem_rasen2.

MEEDIA. n.d. Unique Visitors auf den Websites der Bundesliga-Vereine im April 2012 (in 1.000). Statista. Zugriff am 8. Juni 2018. Verfügbar unter https://de.statista.com/statistik/daten/studie/167719/umfrage/besucher-auf-webseiten-der-bundesliga-vereine/.

Merx, S. (2013), handelsblatt.com, URL: http://www.handelsblatt.com/sport/fussball/brand-finance-ranking-fc-bayern-ist-die-teuerste-fussballmarke-der-welt/8271018.html.

Ophaus, B. (2018), wa.de, URL: https://www.wa.de/sport/borussia-dortmund/kommentar-borussia-dortmund-einmal-echte-liebe-9570490.html.

o.V. (n.d.), fcbayern.com, URL: https://fcbayern.com/de/club/historie/meilensteine-seit-1900/1900-bis-1932-von-beginn-an-erfolgreich.

o.V. (2002), faz.net, URL: http://www.faz.net/aktuell/sport/fc-bayern-flammende-appelle-zur-ag-umwandlung-147956.html.

o.V. (2010), horizont.net, URL: https://www.horizont.net/agenturen/nachrichten/-Echte-Liebe-XEO-verantwortet-Markenauftritt-von-Borussia-Dortmund-96601.

o.V. (2012), sueddeutsche.de, URL: http://www.sueddeutsche.de/sport/rekord-deal-fuer-manchester-united-millionen-euro-fuer-sieben-jahre-1.1432203.

o.V. (2013), horizont.net, URL: https://www.horizont.net/marketing/nachrichten/-Qatar-Airways-als-Sponsor-FC-Barcelona-und-die-schleichende-Kommerzialisierung-113324.

o.V. (2014), bundesliga.de, URL: https://www.bundesliga.com/de/bundesliga/news/fc-bayern-zahlt-allianz-arena-komplett-ab.jsp.

o.V. (2014), handelsblatt.com, URL: http://www.handelsblatt.com/sport/fussball/mitglieder-ranking-die-beliebtesten-fussballvereine-der-welt/11093610.html?ticket=ST-1338015-fmU4UImE5EQPf4q3apvy-ap3.

o.V. (2014), tagesspiegel.de, URL: https://www.tagesspiegel.de/weltspiegel/urteil-im-fall-ribery-bayernstar-in-sex-affaere-freigesprochen/9408654.html.

o.V. (2015), fcbayern.com, URL: https://fcbayern.com/de/news/2015/05/fc-bayern-eroffnet-online-fanshop-auf-tmall-global-fur-fans-in-china.

o.V. (2015), fcbayern.com, URL: https://fcbayern.com/binaries/content/assets/downloads/homepage/ticketing/preisliste-2017_18.pdf.

o.V. (2015), spiegel.de, URL: http://www.spiegel.de/sport/fussball/premier-league-rekordvertrag-ueber-fernsehrechte-abgeschlossen-a-1017828.html.

o.V. (2016), spiegel.de, URL: http://www.spiegel.de/panorama/justiz/uli-hoeness-chronologie-zum-fall-der-steuerhinterziehung-a-1079799.html.

o.V. (2016), sportal.de, URL: http://www.sportal.de/karl-heinz-rummenigge-internationalisierung-ist-alternativlos-1-2016072564427600000.

o.V: (2017), absatzwirtschaft.de, URL: http://www.absatzwirtschaft.de/authentisches-aus-der-kabine-warum-der-fc-bayern-muenchen-in-den-sozialen-medien-erfolgreicher-ist-als-andere-107619/.

o.V. (2017), fcbayern.com, URL: https://fcbayern.com/de/news/2017/11/konzern-fc-bayern-muenchen-mit-rekordergebnis.

o.V. (2017), fcbayern.com, URL:
https://fcbayern.com/de/news/2017/03/presseerklarung-fc-bayern-eroffnet-china-buro-in-shanghai.

o.V. (2017), globalsportsjob.com, URL:
https://www.globalsportsjobs.de/artikel/carsten-cramers-marketingvorstand-beim-bvb-internationalisierungsplan-tragt-zunehmend-fruchte-/.

o.V. (2017), manutd.com, URL: http://ir.manutd.com/company-information/business-strategy.aspx.

o.V. (2017), rakuten.com, URL: https://www.sport1.de/internationaler-fussball/2017/06/studie-manchester-united-staerkste-marke-fc-bayern-fuenfter.

o.V. (2017), spiegel.de, URL: http://www.spiegel.de/sport/fussball/neymar-wechselt-vom-fc-barcelona-zu-paris-saint-germain-a-1161002.html.

o.V. (2017), sport1.de, URL: https://www.sport1.de/internationaler-fussball/2017/06/studie-manchester-united-staerkste-marke-fc-bayern-fuenfter.

o.V. (2017), tz.de, URL: https://www.tz.de/sport/fc-bayern/james-rodriguez-beschert-fc-bayern-muenchen-neue-follower-bei-social-media-und-viele-trikotverkaeufe-8483797.html.

o.V. (2017), tz.de, URL: https://www.tz.de/sport/fc-bayern/fc-bayern-muenchen-so-ist-uli-hoeness-ueber-asien-reise-fc-bayern-8471363.html.

o.V. (2018), blickpunkt-ingolstadt.de, URL: https://www.blickpunkt-ingolstadt.de/artikel/2018/04/18/audi-und-der-fc-bayern-auf-sommertour.html.

o.V. (2018), sport1.de, URL:
https://www.sport1.de/fussball/bundesliga/2018/04/thomas-mueller-mia-san-mia-beim-fc-bayern-steht-fuer-siegermentalitaet.

Sellin, H. (2014), onlinemarketing.de, URL: https://onlinemarketing.de/news/fc-bayern-muenchens-ueberragende-social-media-strategie-interview-mit-dem-director-of-digital-media-stefan-mennerich.

Steinmann, T. (2017), capital.de, URL: https://www.capital.de/wirtschaft-politik/fc-bayern-will-engagement-in-china-ausbauen.

Strasser, P. (2011), abendzeitung-muenchen.de, URL: https://www.abendzeitung-muenchen.de/inhalt.fc-bayern-konnichiwa-usami-in-der-allianz-arena.0297c3c0-6a1e-49f3-811d-55c36c17765e.html.

Szymanski, S. (2012), london.edu, URL: https://www.london.edu/faculty-and-research/lbsr/why-is-manchester-united-so-successful.

CPSIA information can be obtained
at www.ICGtesting.com
Printed in the USA
LVHW022233271221
707267LV00009B/1487